Physiologie féminine et morale sexuelle

DOCTEUR MICHEL BOURGAS

# Le

# Droit à l'Amour

# pour la Femme

VIGOT FRÈRES, ÉDITEURS

PARIS

23, Rue de l'École-de-Médecine

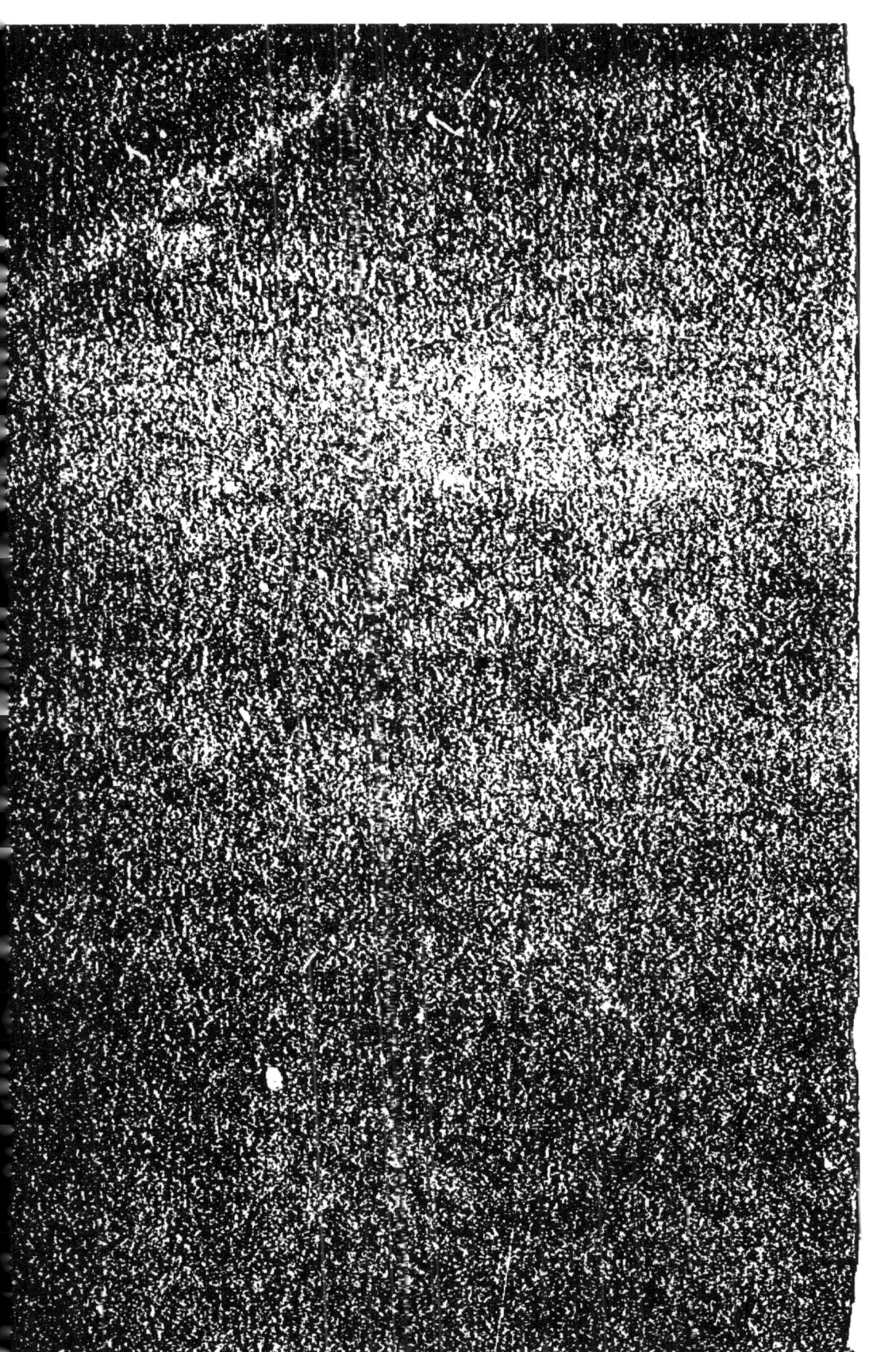

# Le Droit à l'Amour

## pour la Femme

DOCTEUR MICHEL BOURGAS

# Le Droit à l'Amour

# pour la Femme

« L'Homme connaît moins bien la femme, qu'il ne connaît le moucheron le plus insignifiant de la création. »

MADAME OLYMPE AUDOUARD.

« La Femme a été peu ou mal étudiée. Nous avons des monographies complètes sur le ver à soie, sur le hanneton et sur les chats, et nous n'en avons pas sur la femme. Et d'ailleurs, la femme est trop l'objet de nos convoitises; pourquoi un tel paradoxe ? »

P. MANTEGAZZA.

VIGOT FRÈRES, ÉDITEURS,

PARIS

23, Place de l'École-de-Médecine

1919

# CHAPITRE I

L'idée du livre que nous présentons aujourd'hui au public nous est venue alors que nous étions encore sur les
bancs de la Faculté de Médecine. Quand nos études nous
conduisirent aux maladies particulières au sexe féminin
nous ne tardâmes pas à être frappé du fait que, dans le
plus grand nombre de cas, l'altération de la santé chez la
femme a son point de départ dans l'acte génital imparfai-
tement accompli.

*Errare humanum est.* Nous pouvions nous tromper.
Mais après avoir interrogé nos professeurs et consulté
d'importants traités dus à des médecins spécialistes,
nous acquîmes la conviction que telle est la vérité. Les
rapports sexuels, dans lesquels la nature a voulu que les
deux sexes éprouvent le *summum* de la volupté, deviennent, quand ils sont incomplètement effectués, la source

1

pour la femme de mille maux s'attaquant au physique et au moral.

Et alors, il nous vint la pensée qu'il fallait crier aux hommes : « C'est vous qui ruinez la santé de vos femmes par ignorance des véritables conditions que doit réunir l'acte génital pour qu'il réalise les bons effets que la nature s'en propose. »

Mais avant de nous mettre en campagne, nous voulûmes nous assurer que nous n'allions pas tenter d'enfoncer une porte ouverte ; il nous semblait impossible qu'un fait de cette extrême importance n'eût pas été signalé dans ces ouvrages si nombreux, destinés à mettre à la portée des « gens du monde » les mystères de la génération et tout ce qui s'y rapporte.

A notre vive stupéfaction, nous n'avons rien trouvé. Les auteurs de la majorité de ces œuvres de soi-disant vulgarisation se sont placés exclusivement au point de vue masculin, en laissant dédaigneusement la femme au second plan, affirmant même, bien gratuitement, qu'en général elle manque du tempérament génésique.

Il y avait donc place pour un livre apprenant à l'homme ce qu'il lui importe de connaître sur la fonction génitale, un livre examinant la question de l'union des sexes, en tenant plus compte de la femme, de sa constitution physique, de ses légitimes aspirations et du vrai rôle que la nature lui assigne. Et c'est pourquoi nous avons écrit *Le Droit à l'Amour*.

Ce livre vient dire bien haut à l'homme que l'amour, si grand fût-il, ne saurait résister aux froissements réciproques qui peuvent se produire dans l'accomplissement de l'acte génital. Si l'homme et la femme n'y éprouvent pas une égale satisfaction, les mésintelligences les plus insignifiantes prennent d'énormes proportions, et la vie commune ne tarde pas à devenir un enfer.

Si, au contraire, la justice préside aux rapports sexuels, si l'égalité existe dans « l'œuvre de chair », l'union en est resserrée, on se supporte mutuellement sans effort et le bonheur a toute chance d'être durable. Mais, pour que cela se produise, il faudrait que l'homme reconnût à la femme « le droit à l'amour », et nous allons voir qu'il n'en est pas ainsi, tant s'en faut.

Considérons, par exemple, le mouvement dit « féministe », tendant au triomphe des droits de la femme dans tous les domaines. Il prend chaque jour une extension plus grande ; dans le but de le soutenir et de le propager, des congrès se réunissent, des sociétés se forment, des journaux se fondent, de nombreux écrits se publient, des conférences ont lieu de toutes parts. De la théorie passant à la pratique, les féministes ont obtenu en différents États des dispositions législatives améliorant la situation civile de la femme, et ils sont en passe d'en faire adopter d'autres.

Pourtant les réformes, réalisées bien péniblement, sont de peu d'importance en regard de la tâche à accomplir. La raison en est qu'il a été procédé sans méthode. En place de demander des droits économiques, politiques, etc., c'est-à-dire les « droits de l'homme » pour leurs clientes, les féministes auraient dû revendiquer pour elles les « droits de la femme », dont le premier est la reconnaissance de son « individualité » propre.

« Mes études, a dit Ernest Legouvé, chargé d'écrire un livre sur la femme, m'apprirent à voir dans la femme, non plus comme le veut la Bible, *notre moitié, la chair de notre chair*, ou, comme le dit dédaigneusement Bossuet, « un appendice de l'homme », mais une créature absolument distincte de nous, libre comme nous, responsable comme nous, et, par conséquent, égale à nous, égale au nom de ses qualités propres. *L'égalité dans la différence*, tel fut le fondement de toutes mes réclamations en faveur des femmes. »

Si la femme était vraiment considérée comme une personne humaine, si elle possédait — pourrait-on dire — son autonomie, tout serait clair et limpide dans la question féminine.

En fait, la femme n'est pas recherchée pour elle-même, pour ses mérites particuliers, mais à cause de son sexe, pour le plaisir, dont elle est dispensatrice. L'homme la tient partout pour un être inférieur et dépendant, auquel il n'accorde pas voix au chapitre.

La femme est si peu une « personne », elle est si bien considérée comme un instrument de satisfaction charnelle, que même les « intellectuels » ne lui demandent que de la beauté. Toutes ses autres qualités ne comptent point. Théophile Gautier a écrit quelque part approchant ceci : « Je ne demande à une femme que d'être belle. Peu importe qu'elle soit sans esprit, si elle a l'esprit d'être belle ».

Plus tard, Ernest Renan répète sensiblement la même chose : « Le premier devoir d'une femme est d'être belle », s'écrie l'auteur de la *Vie de Jésus*.

Et lorsque la beauté a disparu, quand la femme est

devenue vieille, inapte à procurer la volupté, alors elle est traitée avec dédain, on lui témoigne son mépris par des quolibets et des moqueries. Adulée tant qu'elle est désirable, dès que l'âge a commencé ses ravages, la femme n'a plus de sexe et devient un objet de risée. On évite sa société, on ne lui sait pas même gré du plaisir pris avec elle, puisqu'elle n'en peut plus procurer.

Depuis que le monde est monde, sur tous les tons et dans tous les modes, les poètes ont accordé leur lyre pour célébrer la femme, reine du monde, souveraine de par sa beauté. Il ne faut voir là qu'une fiction poétique ; en vérité, la femme ne conserve son sceptre qu'autant qu'elle est désirée. Quand on a consenti à « combler ses vœux », l'amant, jusque-là tendre et prévenant, fait trop souvent place au mâle ardent et emporté, prenant possession de sa « conquête » avec la délicatesse d'un loup dévorant sa proie.

Et toujours il en a été ainsi. Depuis que la terre est habitée, la femme est regardée comme une chose appartenant en toute propriété à l'homme, qui la vend, l'achète, la troque selon sa convenance. Jusque par delà le moyen âge, la femme fait partie du butin ; elle revient au vainqueur, à l'égal des armes, des bijoux ou des meubles précieux. En ville conquise elle est comprise dans le pillage, et la soldatesque la saccage sans remords ni pitié.

Aujourd'hui encore, les peuplades sauvages font de la femme une bête de somme, et les Orientaux une esclave de leur lubricité.

On a prétendu que les Occidentaux la traitent en enfant gâté ; rien n'est plus contestable. L'Européen, notamment dans les villes, montre en public certains égards pour la femme. Dans l'intimité, il ne voit plus en elle qu'un objet devant être à sa disposition quand et comme bon lui semble, suivant son caprice et la poussée de ses sens ; que la créature soit consentante ou non, gaie ou triste, bien portante ou indisposée, enceinte ou nouvellement accouchée.

Peu importe au « maître », selon son humeur, de refuser la maternité à la femme — sans, d'ailleurs, se priver de plaisir — ou de la rendre grosse coup sur coup — à quoi bon se gêner ! — dussent être en danger sa santé, sa vie même, sans parler de la vie et de la santé d'enfants provenant d'une mère épuisée.

L'homme, qui proclame excusable le meurtre de la femme en cas d'infidélité flagrante, se croit permis d'abandonner sans scrupule la fille qu'il a rendue mère. Il s'est, au surplus, mis à l'abri des protestations de celle-ci, derrière une loi interdisant la recherche de la paternité.

Un égoïsme féroce, bien mieux, le conduit parfois jusqu'à pousser sa victime à recourir à des manœuvres abortives, que la nature punit toujours, et fréquemment, de la peine capitale ; que lui importe ! Il ne risque rien.

En résumé, l'homme s'arroge le droit « d'user et d'abuser » de la femme à son gré. C'est dans toute sa hideur la formule de la propriété dans le droit romain.

Si la personnalité humaine eût été reconnue à la femme, tout serait différent. En amour, notamment, dans cette fonction où elle ne trouve que servitude, elle serait l'égale de l'homme, elle pourrait aussi bien que lui disposer d'elle, se donner ou se refuser. Elle aurait droit au respect dû à tout être humain, et ne serait plus traitée en bibelot de fantaisie ou en instrument de plaisir.

Admettre que la femme a une personnalité humaine, c'est lui reconnaître *ipso facto* le « droit à l'amour », d'où découlent tous les autres droits. Pour ne l'avoir point fait, l'homme a rencontré une ennemie dans sa compagne : inévitable justice des choses.

C'est que dans l'espèce humaine les rapports sexuels n'ont pas, comme chez les animaux, la reproduction pour unique objectif. Par l'attrait puissant que la nature a répandu sur tout ce qui se rattache de près ou de loin à l'acte génital, et par la faculté que, seuls dans la nature, nous possédons de pouvoir le répéter en tout temps, cet acte est aussi destiné à faire naître et à maintenir entre l'homme et la femme une affection et un attachement dont la durée est la base la plus solide de la société. Mais ce résultat n'est obtenu qu'à la condition *sine qua non* que la copulation soit effectuée d'une façon strictement conforme aux vues et aux prescriptions de la nature.

Si, par l'ignorance, l'égoïsme, ou — il faut bien l'avouer, — la brutalité de l'homme, la femme reste passive dans l'acte génital, le *désappointement de la nature* — selon l'expression si juste du docteur Barnes — ruinera l'affection qu'elle aurait pour son mari, laquelle ferait bientôt place à l'aversion et à la haine.

Les rapports sexuels qui ne réussissent pas à éveiller les sens de la femme ont pour premier effet de détacher l'épouse de son mari ; ils ont aussi cette conséquence désastreuse — dénoncée par tous les spécialistes — d'exposer celle qui les subit à une foule de malaises, voire à de graves troubles organiques.

L'homme qui voudra conserver sa femme en santé et son ménage en paix, saura faire à sa compagne la part qui lui revient en amour. Du reste, il agira ainsi dans son propre intérêt, car la somme de satisfaction qu'il éprouvera sera en raison directe de celle qu'il aura donnée.

Mais, dans sa présomption aveugle, le roi de la création croit possible de jouer d'un instrument sans en connaître la tablature, le doigté, le diapason, ni seulement la clef qu'il emploie; prétention dont rougirait le plus piètre musicien.

La plupart des hommes ignorent la femme dans sa constitution physique ainsi que dans sa destination sociale. Ils la déclarent changeante quand ce sont eux qui ne savent pas la fixer; ils lui demandent des choses en dehors de sa nature, et c'est elle qu'ils proclament inconséquente; pour comble, tout en la traitant de fantasque, ils lui voudraient des mérites dont ils ne lui donnent pas l'exemple.

En fait, « c'est nous qui faisons les femmes ce qu'elles sont, affirme Mirabeau; c'est pourquoi elles ne valent rien ». Et Balzac ajoute que « les fautes des femmes sont autant d'actes d'accusation contre l'égoïsme, l'insouciance et la nullité du mari. La femme est pour son mari ce que son mari l'a faite ».

« Le plus étrange, dit encore à ce sujet un physiologiste doublé d'un psychologue, c'est que nous exigeons de la femme de la vertu, et nous faisons tout pour l'en éloigner. Nous l'encensons et nous trouvons étrange sa vanité.

Nous semons en elle des adorations de tout genre, et nous nous étonnons de recueillir orgueil, exigences, caprices et folie ! »

N'est-il pas temps que l'homme étudie la femme d'une manière plus rationnelle ? Les beaux travaux des physiologistes de la seconde moitié du XIXᵉ siècle ont dégagé l'inconnu. La femme n'est plus une énigme que pour qui ne veut voir ni comprendre. Son rôle comme amante, épouse et mère est nettement déterminé. Il n'est pas jusqu'à ses soi-disant défauts : coquetterie, désir d'être remarquée, insouciance, mobilité d'esprit, etc., qui n'aient été reconnus en harmonie avec sa mission sociale.

« La femme, a dit le docteur P. Coullery (de Neuchâtel), a une autre organisation que l'homme, et c'est cette organisation qu'il faut étudier pour comprendre la femme, pour la juger sainement, pour l'aimer et la respecter, pour lui assigner la place qu'elle doit occuper dans la société. »

Les ouvrages écrits pour les gens mariés ont peu fait pour les instruire et dissiper les malentendus. Destinés exclusivement à l'homme, ils ne s'intéressent guère qu'à lui et laissent la femme à l'arrière-plan. Aussi, Mᵐᵉ Olympe Audouard, une femme écrivain du siècle dernier, ne peut-elle s'empêcher de s'écrier : « L'homme connaît moins bien la femme qu'il ne connaît le moucheron le plus insignifiant de la création. »

Le savant docteur et sénateur italien P. Mantegazza, dans sa *Physiologie de la femme*, dit, de son côté : « La femme a été peu ou mal étudiée. Nous avons des monographies complètes sur le ver à soie, sur les hannetons et sur les chats, et nous n'en avons pas sur la femme. Et,

d'ailleurs, la femme est trop l'objet de nos convoitises ;
pourquoi un tel paradoxe ? »

*Le Droit à l'Amour* vient tenter de faire cesser cet état
de choses déplorable. C'est aussi à l'homme qu'il s'adresse,
mais en vue de la femme, qu'il veut faire mieux connaître,
mieux apprécier, partant mieux aimer.

Il établit d'abord le double aspect psychique et physiologique de l'amour ; puis il expose les conditions normales
dans lesquelles l'acte génital doit être effectué, ainsi que
les moyens propres à corriger les anomalies qui pourraient
se produire dans son accomplissement.

Il développe les motifs d'ordre social qui font une nécessité inéluctable de la participation effective de la
femme à un acte que, quatre-vingt-dix-neuf fois sur cent,
elle supporte sans s'y associer.

Il examine les avantages qui résultent pour la santé,
morale et physique des époux, des rapports sexuels complets, et les met en parallèle avec les inconvénients décou-
lant de conjonctions défectueuses, incomplètes ou frauduleuses.

En un mot, *Le Droit à l'Amour* enseigne à l'homme tout
ce qui lui est indispensable de savoir sur les causes physiques qui concourent à conserver l'amour, ainsi que sur
celles qui l'affaiblissent et le détruisent à jamais.

Les philosophes, les physiologistes, les confesseurs, tous
très affirmatifs, déclarent à l'envi que les causes physiques jouent un rôle prépondérant dans le maintien ou
la dissolution du lien conjugal. Un livre tel que celui que
nous présentons viendra utilement au secours du nouveau
marié, en le mettant en possession immédiate d'une expé-

rience qu'il n'acquerrait qu'à la longue et presque toujours aux dépens de son bonheur et de celui de sa compagne.

L'utilité d'un travail apprenant à l'homme à se rendre heureux au foyer domestique, n'est pas bornée à l'individu. Elle s'étend à la société entière, qui a intérêt à voir disparaître, ou tout au moins diminuer dans une large proportion, les maux sans nombre qui résultent des unions troublées ou détruites ; maux qui s'attaquent à ce qu'il y a de plus respectable : l'honneur des familles, la vie des personnes, l'avenir des enfants, maux dont le sinistre cortège comprend la jalousie, l'adultère, le meurtre, la prostitution, la dépopulation, les vices les plus abjects, plus de crimes que la cupidité, la paresse et la débauche ensemble n'en sauraient accumuler.

En envisageant l'un de ces maux — et non le moindre — la prostitution, ne voit-on pas que, si elle a pour principaux clients les tout jeunes gens précoces et les vieillards libidineux, elle compte aussi parmi ses tributaires bon nombre d'hommes mariés, lesquels ne trouvant aucun plaisir près de leur femme — presque toujours par leur propre faute — fréquentent le lupanar.

D'autres, plus coupables, sans être les hôtes assidus de ce genre d'établissements, s'en font les pourvoyeurs médiats en débauchant toutes les femmes — institutrices, employées, ouvrières, domestiques — placées dans leur dépendance.

Il est donc incontestable que tous les efforts tentés pour resserrer les liens du mariage auront pour résultat et corollaire de restreindre la prostitution.

Si l'on considère aussi le phénomène de la dépopulation

— constaté depuis trente ans dans différentes contrées, et notamment en France — on s'aperçoit bientôt qu'il reconnaît d'autres causes que la diminution du nombre des mariages et les rapports sexuels volontairement stériles. L'arrêt de l'accroissement de la population provient aussi de ces rapprochements maussades où la femme est contrainte ou indifférente. Lorsqu'il y a procréation — ce qui arrive malheureusement — entre époux sans amour, il n'en peut résulter qu'un rejeton chétif de corps et pauvre d'esprit. Seuls, les êtres, qui vivent heureux dans une affection réciproque, engendrent des enfants sains, robustes et intelligents.

Instruire l'homme des véritables conditions dans lesquelles la nature veut qu'il soit procédé aux rapports conjugaux, c'est contribuer non seulement à augmenter la population, mais encore à l'améliorer.

Inutile de pousser plus loin la défense du *Droit à l'Amour*. Ces exemples doivent suffire pour démontrer à tout esprit impartial et non prévenu que ce livre, quelle que soit la nature intime et délicate du sujet qu'il développe, tend à atteindre un but moral et humanitaire au plus haut point.

# CHAPITRE II

L'amour devant l'histoire et la philosophie. — De l'amour comme principe affectif. — Attraction et sélection sexuelles. — Conservation des types par la femme. — Aspiration de la femme à s'élever. — Loi des contrastes. — Équivalence des deux sexes.

Au début d'un livre proclamant le « droit à l'amour », une claire définition de l'amour serait désirable. Mais rien d'aussi difficile à faire qu'une définition satisfaisante. Suivant Claude Bernard « il n'y a pas de définition des choses que l'esprit n'a pas créées et qu'il n'enferme pas tout entières ; il n'y a pas, en un mot, de définitions naturelles ». L'amour comptant parmi « ces choses que l'esprit n'a pas créées » est impossible à définir d'une manière bien précise.

Force est, alors, d'interroger l'histoire et de consulter les philosophes pour en acquérir une notion aussi exacte que possible.

L'amour a été apprécié très diversement, selon les temps et les lieux. La conception de ce sentiment, qui tient le monde sous sa dépendance, a singulièrement varié depuis l'antiquité. Un point sur lequel les hommes des âges anciens semblent d'accord, c'est pour ne voir de

l'amour que les manifestations charnelles. Même à l'époque la plus florissante des civilisations grecque et romaine,
la femme n'était pas recherchée pour les qualités qu'elle
pouvait avoir, mais pour sa beauté physique, et aussi
parce qu'elle fournissait des citoyens à l'État. De là sa
relégation dans le gynécée, tandis que l'homme, qui se
considérait comme d'essence supérieure, vivait sur
l' « agora » ou le « forum » de la vie publique, d'où l'hon-
nête femme était exclue. La seule femme honorée par le
monde païen fut la courtisane, dont le métier était élevé à
la hauteur d'une institution.

Le christianisme marqua l'aurore de l'affranchissement
de la femme. En lui reconnaissant une âme immortelle, il
en fit l'égale de l'homme devant les récompenses et les
punitions de la vie future. De plus, l'épouse chrétienne
bénéficia de sa qualité de « sœur en Jésus-Christ ». Le
christianisme prépara donc, — mais sans la dégager encore,— la notion de l'individualité de la femme. La chute
du paganisme se produisit à l'avantage de l'amour vrai,
qui gagna ce que perdit le culte du dieu Amour.

Les invasions des barbares du Nord profitèrent aussi à
l'amour, en ce sens qu'elles propagèrent le respect de la
femme, sans lequel il n'existe pas d'amour durable : et ce
respect est plus grand chez l'homme des pays froids que
chez celui des contrées ensoleillées. C'est que la chaleur
est favorable à la vie au dehors, à la dispersion ; tandis
que la froidure resserre la famille autour du « foyer », mot
presque vide de sens dans les climats chauds. Et puis, si
les effluves calorifiques excitent les sens des Orientaux et
peuplent leurs rêves de séduisantes houris, les aquilons

refrènent les désirs des Septentrionaux et ne leur présentent en songe qu'elles insaisissables, vierges guerrières ou fées protectrices. Enfin, le sentiment de la pudeur est d'autant plus développé chez un peuple que la température de la région est plus basse[1], et la pudeur de la femme provoque le respect de l'homme.

Au moyen âge, il semble qu'avec la chevalerie, l'homme se faisait de la femme et de l'amour une idée plus haute ; mais, après la période héroïque, la chevalerie dégénéra en galanterie. Or, sous ses formules adulatrices, la galanterie n'était qu'un retour plus ou moins déguisé au mépris de la femme. Il ne fallut rien moins que le coup de tonnerre de la Révolution française pour rétablir la femme dans sa dignité et relever l'amour de sa déchéance.

En cessant d'interroger l'histoire pour passer aux philosophes, on se trouve encore en présence d'appréciations de l'amour, se modifiant sans cesse depuis les temps les plus reculés jusqu'à nos jours.

Au cinquième siècle avant notre ère, Héraclite et Empédocle ne voyaient dans l'amour que « la force qui préside à l'ordre du monde ». Seulement, le premier prétendait que « l'amour est fondé sur le contraste » ; tandis que le second enseignait que « le semblable attire le semblable ».

Platon plaçait l'amour dans l'attrait de la beauté ; mais, comme il rangeait la beauté dans le monde intelligible, l'amour était selon lui « un élan vers l'infini ». A côté de cela, il ne reconnaissait d'autre fin au mariage que de donner des enfants à l'État ; il réclama même la communauté

---

1. Excepté dans les pays hyperboréens où existe la vie en commun dans des huttes n'ayant qu'une seule pièce d'habitation.

des femmes pour les guerriers. On voit en quelle petite estime le *divin* Platon tenait la femme. Avec Aristote, l'amour n'est qu'un lien naturel entre l'homme et la femme, à l'aide duquel se forme la famille.

Epicure réduit l'amour à un besoin physique ; il en place l'origine dans les « émanations qui s'échappent des corps ».

Pour l'empereur Marc-Aurèle, « l'amour n'est qu'une petite convulsion ».

Dans l'antiquité, somme toute, c'est la matière qui domine l'amour ; l'attraction sexuelle n'est relevée d'aucun élément psychique ; la femme n'est l'objet ni le but de l'amour, qui ne s'adresse qu'à la femelle. Il faut arriver à Plutarque, qui définit l'amour « un appétit qui s'élève à la noblesse et à la générosité », pour voir apparaître la notion du respect de la personne aimée dans le concept de l'amour.

Plus près de nous, Leibnitz dit qu' « aimer, c'est se réjouir du bonheur d'autrui : c'est faire du bonheur d'un autre le sien propre ». Cette définition est fort belle, mais elle s'applique à l'amitié aussi bien qu'à l'amour.

Voltaire, dans son langage poétique, appelle l'amour « l'étoffe de la nature brodée par l'imagination ».

N'est-ce pas Chamfort qui, retournant à l'antique donnée matérialiste, ne voit dans l'amour que « le contact de deux épidermes » ?

Parmi les philosophes du XIXe siècle, la plus suggestive définition de l'amour est peut-être celle qu'en donne Schopenhauer. Paraphrasant l'aphorisme de Voltaire, il avance que :

« L'amour est la volonté du *génie de l'espèce*, s'asservissant, s'immolant les individus. De là, la puissance de l'amour. Serait-elle ce qu'elle est s'il ne s'agissait que du bien ou du mal individuel ? L'individu n'est qu'un instrument, il s'agit de l'existence même de l'espèce. L'espèce veut vivre à tout prix, brûle d'un désir sans fin ; ce désir infini éclatant dans le cœur d'un mortel, voilà l'amour ! De là le caractère infini des joies et des douleurs de l'amour, les serments éternels, les ivresses, les sacrifices, les rêves d'un bonheur sans limites et, quand tout cela échappe subitement, les désespoirs qui font qu'on veut mourir. »

Paul Janet a écrit de l'amour :

« Ce sentiment a deux caractères remarquables : une étendue extraordinaire et une puissance singulière de transformation. Il prend l'homme tout entier par les sens et par l'âme ; il touche, il ébranle toutes les facultés les plus vives et les plus sérieuses, les plus délicates et les plus profondes : l'imagination, l'esprit, le cœur, la raison même. C'est de tous les sentiments celui qui paraît avoir le plus de regards vers les côtés mystérieux et indéfinis de notre destinée et de notre être. »

Les éléments qui, d'après Proudhon, constituent l'amour sont : « 1° l'attrait puissant qui, dans toutes les espèces où les sexes sont séparés, pousse le mâle et la femelle à s'unir et à transmettre leur vie ; 2° l'exaltation idéaliste qui nous montre, dans la possession de la beauté, le plus grand, le seul bien de la vie ».

L'amour complet, intégral, comporte un troisième élément dont Proudhon semble ignorer l'existence : l'affec-

2

tion personnelle, qui est cependant l'essence même de
l'amour, et ce qui différencie l'espèce humaine des espèces animales. L'appétit sexuel et l'attrait de la beauté
se rencontrent indistinctement chez toutes les créatures
et les portent à se reproduire. Mais, chez les êtres humains,
qui ne s'unissent pas au hasard des rencontres, il existe en
plus une question de choix, de préférence réciproque, et
c'est ce sentiment électif qui prend plus particulièrement
le nom d'amour.

C'est, en effet, que l'amour né de la seule incitation des
sens ou de l'attrait de la perfection des formes ne saurait
être durable : il s'éteint quand les sens sont apaisés ou
lorsque la beauté disparaît. S'il est, au contraire, basé sur
l'affection personnelle et réciproque, il se maintient en se
transformant.

« L'habitude, dit Jules Simon, détruit les enchantements et la poésie des premiers jours ; mais elle crée à la
place un lien plus grave et plus profond, qui s'accroît
chaque jour de tout le bonheur qu'on a goûté et de tout le
malheur qu'on a supporté ensemble. »

L'attrait qu'un sexe exerce sur l'autre — le moyen
qu'emploie le « génie de l'espèce » pour nous plier à ses volontés — existe en dehors de l'amour ; c'est par lui
qu'hommes et femmes aiment à se rencontrer ; c'est lui
qui sollicite l'homme à faire parade de sa force, de son
esprit, d'un talent quelconque ; et la femme à se parer, à
tirer vanité de ses avantages physiques. Tous et toutes,
sans objectif bien déterminé, cherchent à attirer l'attention et à plaire.

On retrouve l'attraction sexuelle au fond des affections

les plus pures et les plus respectables. Ainsi de la préférence d'une mère pour ses garçons et de celle d'un père
pour ses filles. Un jeune homme placera ses sœurs avant
ses frères, et la jeune fille agira d'une manière opposée.

Ce sentiment existe déjà à un degré appréciable chez
l'enfant : mais il n'acquiert toute sa force qu'à l'âge de la
puberté, alors que les organes génitaux ont atteint leur
complet développement et que l'accroissement parallèle
du cerveau détermine l'extension des facultés intellectuelles.

Dans ses *Recherches sur le système nerveux*, le docteur
J. Luys dit de la puberté :

« Elle est une source d'incitation pour les opérations de
l'entendement et comme un *stimulus* vivifiant qui leur
donne une activité et une allure toute nouvelle. Elle
donne de l'éclat à l'imagination et aiguillonne incessam-
ment le feu de l'esprit. »

L'attraction sexuelle, en agissant sur l'imagination, provoque pour ainsi dire mécaniquement les organes à l'accomplissement de l'acte génital. Mais l'instinct qui entraîne ainsi les êtres à la satisfaction de leurs sens est
modéré, guidé, et en quelque sorte ennobli par l'amour,
qui fait que l'attrait sexuel se concentre sur une seule personne à l'exclusion de toute autre.

L'amour, dans sa plus haute acception, a pour essence
cette élection, ce choix qui a toujours pour raison déter-
minante les perfections de l'être préféré : *beauté*, ou perfection physique ; *esprit*, ou perfection intellectuelle ;
*bonté*, ou perfection morale.

Les qualités morales ou intellectuelles, toutefois, ne

viennent qu'en second rang. C'est par la beauté physique,
l'harmonieuse proportion des formes, l'air de santé qu'on
séduit ou qu'on est séduit le plus communément. Darwin
explique ce fait par la *sélection sexuelle*, loi universelle qui,
selon le célèbre naturaliste anglais, préside à l'améliora-
tion des races en écartant les individus laids, faibles ou
mal venus.

D'instinct, et sans arrière-pensée aucune, la jeune fille
la plus chaste, entre deux hommes d'un égal mérite, choi-
sira presque à coup sûr celui qui semblera le mieux cons-
titué, le plus propre à engendrer des enfants robustes et
sains. Quelques femmes supérieures, assez cultivées pour
dominer l'instinct, pourront éprouver une passion pour
un grand génie, un orateur éloquent, un artiste éminent,
fussent-ils peu favorisés du côté physique ; encore doit-on
distinguer entre l'amour vrai et un caprice dont la vanité
ferait les frais.

De son côté, l'homme recherche chez la femme la pureté
des traits, la fraîcheur du visage, le charme de la physio-
nomie, la grâce des attitudes et non la robustesse.

Aucun homme ne trouvera belle une femme qui aurait
des formes masculines, qui manquerait de poitrine ou de
hanches. C'est que la beauté féminine est liée aux attributs de la maternité, lesquels sont aussi ceux de l'amour.
Encore qu'il ne s'en rende pas compte, l'homme s'attache
à la femme offrant les caractères physiques d'une bonne
reproductrice : les larges flancs pour une heureuse gestation, les seins développés de la bonne nourrice.

« La femme belle, dit Mantegazza, sera toujours une
femme essentiellement femme, qui réveillera dans notre

âme une foule de désirs et qui, dans toutes ses formes, sera riche de promesses, pour l'amour d'abord, pour la maternité ensuite. »

La beauté féminine exerce sur l'homme une fascination qui lui enlève son libre arbitre et le met, pour ainsi dire, à la merci de l'objet de ses aspirations.

Dans ce pouvoir irrésistible de la beauté, il faut encore voir une précaution de la nature, destinée à empêcher la décadence de l'espèce humaine, « la femme étant conservatrice du type de sa race », ainsi que l'ont établi les recherches de Serres, Bonnet, Velpeau, etc. Dans les croisements, les êtres tendent tous au retour vers le type maternel. Le type des envahisseurs ne tarde pas à disparaître par le fait de l'union des conquérants avec les femmes des nations conquises.

Et ce n'est pas seulement au physique que la femme a pour mission de ne pas laisser déchoir la race, c'est aussi au moral. Un rapide coup d'œil sur la « tenue » de l'homme et de la femme en amour va en fournir la preuve.

Dans ses affections, l'homme descend volontiers à l'être inférieur ; il ne répugne pas à porter la vue au-dessous de lui. Grisettes, servantes, paysannes, femmes noires, jaunes ou cuivrées, tout lui est bon. La vanité satisfaite suffit souvent à alimenter sa passion.

La femme, au contraire, cherche à s'élever ; elle ne s'attache qu'à l'être qu'elle considère comme supérieur en quoi que ce soit.

« La grande dame et la bourgeoise, a dit madame Olympe Audouard, s'éprennent des artistes, des hommes célèbres.

« La petite ouvrière est séduite par le *monsieur* étudiant

ou employé, par cet homme qui a les mains blanches et non calleuses, qui est bien habillé, qui a de meilleures manières et un langage plus choisi, choses qui, à ses yeux, constituent une supériorité.

« La cuisinière et la bonne d'enfant vont au militaire, attirées par un costume qui tourne leur tête, une supériorité encore.

« La paysanne, vivant au milieu de paysans communs, peu propres, mal accoutrés, sentant le vin, se laisse séduire par le *monsieur* clerc de notaire ou calicot. »

Enfin, si la femme de couleur ne sait guère résister au blanc, en revanche, la femme blanche éprouve une aversion invincible pour l'homme de couleur.

Proudhon fait sur cette propension de la femme à s'élever la remarque suivante : « Par sa nature et sa destination, la femme recherche l'élégance et le luxe », et, « conclut-il, il faut qu'il en soit ainsi ».

Cette tendance féminine à regarder en haut est une des harmonies de la nature. On retrouve quelque chose d'analogue chez les animaux. Dans sa *Zoologie passionnelle*, Alphonse Toussenel dit : « Les mâles des races supérieures — jamais les femelles — s'unissent aux individus des races inférieures. »

La femme, au surplus, a pour s'élever une puissance d'assimilation que l'homme est loin de posséder à un égal degré. Un roi peut épouser une bergère, car il serait bien surprenant qu'elle ne se façonnât pas assez rapidement aux manières de la cour. La réciproque, c'est-à-dire la reine dégrossissant suffisamment un berger pour qu'il fît bonne figure sur un trône, n'est pas soutenable.

Une autre loi qui exerce une grande influence sur les choix est celle des contrastes, déjà entrevue par Héraclite.

L'amour vit plus d'oppositions que de similitudes. L'attrait d'un sexe pour l'autre réside surtout dans ce qui les différencie.

Ce qui plaît à l'homme dans la femme, c'est sa taille moins élevée, ses traits plus fins, sa plus grande perfection de formes, son caractère plus souple, sa voix plus douce. Sa faiblesse, en appelant la protection, est un des grands charmes de la femme. Sa vivacité d'esprit, la mobilité de ses impressions, son enjouement, ses manières caressantes, qualités qui lui rendent facile sa tâche de consolatrice quand il s'agit de relever l'être fort, abattu par un échec momentané, sont autant de liens qui attachent l'homme à la femme.

La femme exige de l'homme des qualités toutes différentes. Elle recherche la force, la beauté mâle ; la hardiesse, la bravoure, un peu de rudesse même, sont pour lui plaire. Elle désire pouvoir s'appuyer sur celui qu'elle choisit ; dans l'ami elle veut sentir le protecteur.

Il y a plus. Les hommes et les femmes qui possèdent un attribut de l'autre sexe préféreront un être qui en soit dépourvu. Ainsi la grande femme recherche un petit homme, la grosse un fluet, la virago un efféminé, etc., et réciproquement. On dirait que la nature a voulu établir une compensation apportant un obstacle à l'altération des races ; altération qui ne manquerait pas de se produire s'il y avait de trop fréquentes unions, par exemple, entre colosses ou gens de taille exiguë.

De cette constante vérification de la loi des contrastes, il découle que les deux sexes se complètent ; que, dès lors, chaque individu ne constitue pas un organisme parfait, état que seul peut atteindre le couple. D'où cette conclusion que l'homme et la femme sont, non pas égaux, mais, ce qui est tout autre chose, *équivalents.*

Ils ont à remplir des devoirs semblables et d'autres qui sont très différents ; aux premiers correspondent des droits communs et aux seconds des droits spéciaux inhérents à chaque sexe et auxquels le sexe opposé ne saurait prétendre. En amour, qui est une fonction commune aux deux sexes, les devoirs et les droits de l'homme et de la femme sont les mêmes.

# CHAPITRE III

De l'amour considéré comme principe générateur. — Répartition de l'appareil[1] générateur entre deux individus. — Organes génitaux de l'homme et de la femme. — Causes des désirs érotiques. — Mécanisme du toucher. — Rôle normal des deux sexes dans l'acte génital.

Les organes constituant les appareils destinés aux fonctions qui concourent à la conservation individuelle : nutrition, respiration, circulation du sang, etc., sont entre eux dans une dépendance telle qu'ils doivent forcément se rencontrer sur le même être.

Les organes de la génération, fonction qui préside à la conservation de l'espèce, supérieure à celle de l'individu, sont répartis entre deux êtres différents et complémentaires l'un de l'autre.

La femme possède les organes qui produisent le germe, ou *ovule*, et lui permettent de se développer ; l'homme, lui, élabore l'élément organique destiné à féconder l'ovule, ou *spermatozoïde*. Ils ont tous deux, en outre, des organes

1. On nomme *appareil*, en physiologie, l'ensemble des organes qui participent à une fonction : *appareil digestif*, *appareil locomoteur*, etc.

accessoires leur fournissant le moyen d'effectuer la fécondation.

Il faut, pour que celle-ci ait lieu, qu'ovules et spermatozoïdes entrent en contact. Dès lors, la fécondation exige la réunion momentanée, dans l'acte génital, d'un homme et d'une femme, soit de deux êtres possédant l'ensemble des organes constituant l'appareil générateur.

L'intervention de l'homme dans la fécondation est de courte durée, elle est limitée à l'introduction, dans les organes sexuels de la femme, du *sperme*, liquide servant de véhicule aux spermatozoïdes.

Le sperme est élaboré dans les *testicules*, organes ovoïdes au nombre de deux, contenus dans la bourse, ou *scrotum*. De là, il est transporté par les *canaux déférents*, jusqu'aux deux *vésicules séminales*, réservoirs où le sperme est retenu en attendant son emploi.

Sous l'empire de l'excitation causée par les rapports sexuels, le sperme s'échappe des vésicules séminales par les *canaux éjaculateurs* qui le déversent dans le *canal de l'urèthre*, d'où il est projeté au dehors par le *méat urinaire*.

La *verge*, ou *pénis*, que le canal de l'urèthre suit intérieurement dans toute sa longueur, est l'organe destiné à porter le liquide fécondant à la rencontre de l'ovule, dans les voies que celui-ci parcourt pendant son évolution. La verge est constituée en majeure partie par les *corps caverneux*, dont le tissu spongieux est susceptible de se gonfler considérablement par l'afflux du sang. Elle se termine par un renflement nommé *gland*, lequel est recouvert par un repli de la peau de la verge, appelé *prépuce*.

L'appareil génital de l'homme comprend encore un

certain nombre de glandes — notamment les glandes bulbo-uréthrales — qui sécrètent différents liquides servant à lubrifier le canal de l'urèthre ou à faciliter l'*éjaculation* (projection du sperme) en augmentant la fluidité de la liqueur séminale.

Dans le mystère de la génération, la femme remplit un rôle autrement important que celui de l'homme. Il comprend un ensemble de phénomènes qui remplissent les meilleures années de sa vie : la menstruation, la copulation, la fécondation, la gestation, l'accouchement et l'allaitement.

Ces différentes phases mettent en jeu un système très complexe d'organes, répartis en trois groupes : organes génitaux externes, organes génitaux internes, organes lactifères.

Le groupe des organes génitaux externes, pris dans son ensemble, prend le nom de *vulve*. A sa partie supérieure se rencontre le *pénil* ou *mont de Vénus*, éminence arrondie située au bas-ventre, et qui, dans un but fonctionnel, se couvre de poils à l'époque de la puberté. Puis viennent les *grandes lèvres*, replis de la peau qui s'étendent depuis la ligne de séparation des membres inférieurs jusqu'au pénil. Elles sont contiguës par leur face interne, disposition qui fait qu'elles recouvrent et protègent l'ensemble des organes génitaux. Entre les grandes lèvres se trouvent les *petites lèvres* ou *nymphes*, replis de moindre développement, qui naissent au-dessus de l'entrée du vagin qu'ils contournent, puis remontent latéralement et se réunissent à la partie supérieure de la vulve.

Le *clitoris* est un organe érectile analogue au pénis, dont il reproduit en petit la structure particulière, avec cette différence qu'il ne possède pas de canal à l'intérieur. Il est situé à la réunion des branches montantes des petites lèvres, lesquelles l'entourent et lui constituent un *frein* au-dessous et un *prépuce* au-dessus. L'extrémité libre du clitoris reçoit, comme celle de la verge, le nom de *gland*.

Les organes génitaux externes sont reliés à ceux du groupe interne par un canal membraneux appelé *vagin*, qui s'ouvre à la partie inférieure de la vulve et, par une courbe convexe en arrière, se dirige vers le col de la matrice, qu'il entoure et où il se termine. Le vagin sert à l'écoulement des règles ; dans les rapports sexuels, c'est lui qui reçoit la verge ou organe de copulation ; enfin, c'est par le vagin qu'a lieu l'expulsion du germe lorsqu'il est arrivé à sa maturité.

Le groupe des organes génitaux internes comprend l'*utérus* ou *matrice*, organe gestateur destiné à contenir l'ovule fécondé jusqu'à ce qu'il ait atteint un développement suffisant pour vivre de sa vie propre ; les *trompes utérines* ou *oviductes*, canaux par où les ovules, fécondés ou non, se rendent des ovaires dans la matrice ; les *ovaires*, organes producteurs des ovules ou germes humains. De même qu'il y a deux testicules, il existe deux ovaires.

Les fonctions des organes génitaux internes s'accomplissent en dehors de la volonté ; il en sera parlé plus complètement au chapitre IX, relatif à la fécondation.

Les organes lactifères sont les *seins* ou *glandes mammaires*, qui doivent être considérés comme une annexe des organes génitaux proprement dits. D'abord, parce qu'ils sont en étroit rapport avec l'appareil génital ; nous verrons plus loin qu'ils participent dans une importante mesure aux sensations voluptueuses qui précèdent et accompagnent les rapports sexuels. Ensuite, et surtout, parce qu'ils sont destinés à prolonger, pour ainsi dire, la gestation, en sécrétant le lait, cette chair liquide, le meilleur de ses veines, que la mère transfuse dans celles du nouveau-né.

Le lecteur qui désirerait une description détaillée des organes génitaux des deux sexes devra consulter les ouvrages spéciaux. Ce qui précède est suffisant, bien que très sommaire, à la compréhension de la suite de cet ouvrage, qui, n'étant pas un traité d'anatomie, ne doit contenir que l'indispensable.

Quant aux conditions normales de la mise en jeu des organes génitaux, il n'en va plus de même. C'est dans leur stricte observation que réside le *droit à l'amour*, et ce droit reçoit une atteinte si ces conditions ne sont pas remplies. On ne saurait donc en faire une étude trop attentive.

En la commençant, nous voyons d'abord que l'être humain est incité à se joindre à un individu du sexe opposé par les désirs amoureux qui naissent en lui, quand ses organes génitaux sont arrivés à leur perfection.

C'est la présence du sperme dans les vésicules séminales qui agite l'homme d'autant plus vivement que ce liquide est plus abondant. Les sensations voluptueuses dont les organes génitaux deviennent le siège quand les réservoirs spermatiques sont en réplétion, se communiquent au cerveau ; l'homme surexcité ne peut s'empêcher de penser à la femme, et il est poussé à sa poursuite par le besoin d'éteindre le feu qui l'embrase. S'il n'obéit pas alors aux injonctions de la nature, le sperme se résorbe en partie, ou, chez les jeunes gens, s'échappe parfois en pollutions nocturnes involontaires.

Des phénomènes analogues se produisent chez la femme — mais avec une moindre vivacité — au moment de la menstruation, époque où un ovule parvenu à maturité brise son enveloppe, se détache de l'ovaire et s'engage dans une trompe utérine pour se rendre dans la matrice. Si, dans ce trajet, l'ovule n'a pas été fécondé, il se rend au dehors avec les menstrues.

Les désirs amoureux, au lieu de provenir de l'état particulier des organes génitaux, peuvent naître dans l'imagination à la vue d'une personne aimée, et même au seul souvenir des doux instants passés avec elle. La pensée, se reportant avec complaisance sur les différentes phases de l'acte vénérien, peut encore inciter à vouloir l'accomplir de nouveau. Il en est de même des lectures lascives, des conversations obscènes, ou de toute autre circonstance retenant l'esprit sur des objets érotiques.

Dans ces diverses occurrences, ce sont les idées formées dans le cerveau qui, par l'intermédiaire de fibres nerveuses spéciales, vont actionner les organes génitaux et les mettre en état de remplir leur fonction.

Dans les combats amoureux, c'est à l'homme qu'est dévolue l'attaque ; il fallait dès lors que ses désirs fussent éveillés en premier ; c'est ce que la nature a obtenu en le prenant par les yeux. A cet effet, la femme est avantagée sous le rapport de la beauté ; un charme irrésistible est répandu sur toute sa personne ; elle est douée d'un corps souple dont les formes pleines et élégantes réjouissent la vue ; elle possède une voix douce, aux inflexions mélodieuses, qui font les délices de l'oreille ; un regard expressif qui attire et captive, un visage aux traits fins, encadré d'une chevelure abondante et soyeuse, et pour compléter ce délicieux ensemble, la grâce enivrante du sourire.

La vue des beautés qui revêtent toutes les parties, aux proportions harmonieuses, du corps de la femme, exerce un tel empire sur les sens de l'homme que leur représentation par la peinture, la sculpture, le dessin, ou seulement par l'imagination, suffit à l'émouvoir.

L'amour, destiné à embellir la vie de l'homme, n'en est pas pour lui, comme pour la femme, le but. Malgré l'attraction puissante qui le porte vers l'autre sexe, les difficultés de la lutte pour la vie, l'habitude aussi qui engendre la satiété, peuvent endormir ses sens. La prévoyante nature a remédié à cela en soufflant à la femme la coquetterie, instinct plus que calcul, qui la pousse, tout en restant elle-même, à se rendre différente autant par la variété qu'elle apporte dans ses ajustements que par la mobilité de son caractère.

Bien mieux, la femme se modifie profondément au physique avec l'âge. A vingt ans, elle possède un charme autre que celui de la jeune fille ; de la plénitude de formes à laquelle parvient la femme de trente ans résulte un attrait qui renouvelle les désirs ; il n'est pas jusqu'à l'époque de la maturité où la nature ne dote encore d'une beauté spéciale — tel le soleil sur le point de disparaître — celle qui va bientôt perdre sa qualité de femme.

Si la vue et l'ouïe concourent directement à attirer

l'homme vers la femme, le goût et l'odorat ne sont pas non
plus sans action, bien qu'agissant d'une manière indi-
recte. C'est ainsi que la saveur d'un mets ou d'un frui t
semble plus intense en compagnie de l'être aimé. L'odeur
du parfum de prédilection ou de la fleur préférée résume et
rappelle la femme élue avec une vivacité que chacun a
éprouvée.

Mais de tous les sens, le plus actif, celui qui monte le
plus l'imagination, c'est le toucher ; les autres sens con-
tribuent à provoquer les désirs, mais le toucher les excite,
les enflamme, les porte à leur paroxysme et en détermine
la satisfaction.

C'est qu'à toutes les perfections visibles dont la nature
s'est plu à combler la femme, elle a encore pris soin d'ajouter une perfection tangible. « La femme, lit-on dans la
*Physiologie* du docteur Longet, est douée d'une peau plus
fine et plus belle dont le contact moelleux, élastique et
satiné, procure à l'homme une sensation des plus agréables
qui contribue puissamment à l'éveil des désirs érotiques. »

La femme aussi éprouve des sensations voluptueuses
au contact de l'homme, mais moins à cause qu'elle touche
que parce qu'elle se sent touchée. L'homme, par ses
attouchements, obtient ce double résultat d'exciter ses
propres sens en même temps qu'il éveille ceux de la femme.

Quelques mots sur le mécanisme du tact feront comprendre ce qui se passe ici.

Le *tact*, ou *toucher*, s'exerce sur toute la périphérie du
corps humain, ainsi qu'à la surface des muqueuses. Ce
sens est chargé d'un rôle de surveillance ; c'est lui qui
recueille et transmet au cerveau les sensations que nous

éprouvons à la rencontre de corps étrangers. Le toucher rend compte de la forme, des dimensions, de l'état des surfaces, de la pesanteur, de la résistance plus ou moins grande à la pression et de la température de ces corps.

L'agent du tact, celui qui remplit l'emploi de collecteur des sensations, est la *papille nerveuse*, éminence microscopique produite à la surface de la peau par l'extrémité de filets nerveux réunis en une sorte de houppe. Ces papilles existent en fort grand nombre sur le corps humain, où elles sont réparties très inégalement. Le tact est obscur là où elles sont disséminées et composées d'un petit nombre de filets nerveux ; il est d'autant plus parfait que les papilles sont plus serrées et plus volumineuses.

L'intérieur de la main, la pulpe de l'extrémité des doigts, les lèvres et la langue dans les deux sexes, le scrotum et le gland de la verge chez l'homme, la face interne des grandes lèvres, les nymphes, le clitoris, le vagin et les mamelons (ou bouts de sein) chez la femme, sont abondamment pourvus de papilles nerveuses de dimension considérable et disposées en rangs pressés. Toutes ces parties du corps peuvent donc, par contact, être le siège ou le point de départ de sensations érotiques plus ou moins vives.

Chez l'homme, les désirs amoureux ont pour effet de provoquer l'augmentation de volume et la raideur de la verge, afin de rendre possible son introduction dans le canal vaginal. Ce phénomène, jusqu'à un certain point involontaire, est appelé *érection*. Il est produit par la mise en jeu de nerfs spéciaux qui actionnent les muscles constricteurs pressant la base de la verge ; de cette manière,

3

le sang artériel peut continuer à se rendre dans les corps caverneux, de nature spongieuse, qui constituent cet organe, et à affluer aussi dans le gland, tandis que là compression des veines s'oppose à ce qu'il rentre dans la circulation générale. Le sang gorge donc la verge, qui acquiert une dureté rendue plus considérable encore par l'action du muscle peaussier qui l'enveloppe, lequel, soumis à une forte distension, cherche à revenir sur lui-même et contribue à son tour à la compression des veines et à la stase du sang.

Les impressions érotiques sont proportionnelles en vivacité à la quantité de sperme renfermée dans les vésicules séminales. La plénitude de ces organes produit une excitation qui est la cause la plus active de l'érection. L'inquiétude qui s'empare de l'homme, quand il y a pléthore de liqueur séminale, cesse pour un temps dès qu'il en a expulsé une partie.

La réplétion de la vessie, ainsi que le fait de dormir sur le dos, provoquent des érections n'ayant pas les idées érotiques pour motif, mais il est fréquent en ces cas que ces idées naissent par action réflexe, de l'état de l'organe.

L'érection est portée à son plus haut point par l'impression délicieuse que la verge éprouve en pénétrant dans le vagin. Alors les sensations voluptueuses affluent au cerveau, convergeant des papilles nerveuses situées à tous les points de contact : des mains qui rencontrent des formes arrondies et souples, des lèvres qui pressent d'autres lèvres, de toute la surface de la verge et surtout du gland dont la sensibilité exquise est surexcitée par des frottements répétés, dont l'effet est rendu plus grand par a courbure du vagin et sa structure onduleuse interne.

Quand ces sensations atteignent leur paroxysme, le fluide fécondant est lancé avec force en jets saccadés, par une série de mouvements musculaires spasmodiques. Cette phase de l'union sexuelle, nommée *éjaculation*, est le dernier acte et le but de la fonction génératrice chez l'homme. Elle est suivie d'une détente brusque des organes en éréthisme, les muscles qui comprimaient les veines de la verge se desserrent et le retrait du sang, qui reprend sa course, met fin à l'érection ; l'égarement passager qui s'était emparé de l'être pour les besoins de la fonction se dissipe ; l'homme éprouve alors un moment d'abattement, d'une durée en rapport avec l'énergie qu'il vient de dépenser et l'intensité de la volupté qu'il a ressentie.

Quelques auteurs, sur la foi d'un proverbe latin, parlent d'un sentiment de tristesse qui suivrait l'éjaculation. Il n'en est ainsi que dans les rapprochements effectués sans besoin, ou avec une femme vénale ou indifférente. Dans toute autre circonstance, cette sorte d'anéantissement est loin d'être sans charme.

Chez la femme, les organes génitaux ont une étendue et une importance beaucoup plus grande que chez l'homme. Cette prédominance du système sexuel avive son imagination et augmente sa sensibilité. Il en résulte que les phénomènes qui précèdent immédiatement ou accompagnent les rapports sexuels sont bien plus complexes chez la femme, et il importe dès lors qu'ils soient bien connus de l'homme, pour qu'il aide au développement de ces phénomènes, loin de les entraver, ainsi qu'il n'arrive que trop souvent.

Les premières sensations voluptueuses, — douloureuses aussi — que ressent la jeune fille, lui sont envoyées par les ovaires, dès l'époque où s'établit la menstruation. Ces sensations se reproduisent à chaque retour des règles et sont occasionnées par l'état d'excitation des ovaires au moment où un ovule, arrivé à maturité, se détache pour s'engager dans une trompe utérine. Elles sont d'une intensité très variable d'une femme à l'autre, ou chez la même femme selon l'âge, l'état de santé, les circonstances de milieu où elle peut se trouver.

Le temps où la femme peut être rendue mère — s'étendant du moment où l'ovule mûr tend à se détacher de l'ovaire, jusqu'à l'instant où, non fécondé, il s'échappe de la matrice — est fonctionnellement celui où elle se trouve le plus sensible aux impressions amoureuses. En dehors de cette période, la femme est plus difficile à émouvoir.

D'ailleurs, la beauté masculine n'a pas autant de puissance sur elle que les attraits féminins sur l'homme. La beauté mâle a plus pour effet de déterminer le choix de la femme que d'agir sur ses sens; mais, si elle est moins prompte que l'homme à s'enflammer par les yeux, la femme subit de même que lui l'influence du contact. Chez elle aussi c'est le sens du toucher qui agit le plus énergiquement pour provoquer les désirs.

La nature, qui ne veut pas que la femme se refuse à l'acte génital, c'est-à-dire à la maternité, malgré les inconvénients, les malaises et les souffrances qu'entraînent la gestation et l'accouchement, a multiplié en elle les centres d'où peut partir l'excitation érotique, ou — comme ils s'influencent réciproquement — contribuant à porter cette excitation à son comble. La résistance instinctive de la femme n'est à bien prendre qu'une condition fonctionnelle, exaltant les désirs de l'homme et, par la prolongation de la lutte, permettant aux organes de la femme de se monter à un diapason convenable.

Dès le commencement de l'attaque, les sens de la femme sont sollicités sur plusieurs points à la fois, et sa défaite est certaine. Les baisers qu'elle reçoit sur la bouche par l'intermédiaire des papilles nerveuses, dont les lèvres et la langue sont pourvues abondamment, ont un écho dans les régions génitales.

Les seins jouent aussi un rôle prépondérant dans l'éveil des sens. A cause du riche tissu adipeux dont ils sont revêtus et qui leur donne d'une manière permanente des formes arrondies et des contours gracieux, la vue et le toucher des seins agissent irrésistiblement sur l'homme ; et, par une espèce de choc en retour, le contact de l'homme sur les glandes mammaires a un retentissement profond et immédiat sur les organes génitaux de la femme.

Dans son *Anatomie*, de Haller établit qu' « il y a une sympathie de nerfs entre la matrice et les mamelles, car, chez beaucoup de jeunes filles, le chatouillement du mamelon excite une sensation voluptueuse au clitoris ».

D'autre part, dans son ouvrage sur l'*Influence des sexes sur les caractères et les idées*, Cabanis s'exprime ainsi : « La nature a attaché un attrait à tout ce qui concourt à la conservation de l'espèce. Dans le cas de l'allaitement, elle a voulu que la succion du lait éveillât des sentiments voluptueux au bénéfice de l'appareil générateur. Plusieurs nourrices m'ont avoué que l'enfant, en les tétant, leur faisait éprouver une vive impression de plaisir, partagée à un certain degré par les organes génitaux. D'autres femmes m'ont dit aussi que, souvent, les joies et les peines maternelles étaient, chez elles, accompagnées d'un état d'orgasme de la matrice. »

On rencontre encore une affirmation de l'étroite sympathie des seins et des organes génitaux dans le fait que des suppressions de menstrues ont amené des règles supplémentaires par les seins ; et dans cet autre qu'on se sert avec succès de la succion des seins dans les cas d'engorgement de la matrice, ainsi que dans ceux de retard ou de cessation des règles.

Quand, par de tendres caresses préliminaires, l'homme a su faire naître les désirs amoureux chez la femme, ils se manifestent par des symptômes significatifs : le visage se couvre de rougeur, les yeux brillent d'un éclat plus vif, les lèvres deviennent sèches et brûlantes ; les seins se gonflent, soulevés par une respiration haletante ; les mamelons, précédemment affaissés, se dressent dans une sorte d'érection ; les organes génitaux, vivement sollicités, s'entr'ouvrent et se portent en avant, à la rencontre de l'organe mâle, comme pour en faciliter la réception.

L'introduction de la verge et les doux frottements qu'elle exerce sur le vagin font de celui-ci le siège de nouvelles sensations voluptueuses, multipliées par la structure spéciale de cet organe. D'abord, dans le vestibule vaginal se rencontrent, à chacune des bases latérales, un renflement en forme d'une moitié d'anneau ; ce sont les *bulbes du vagin*, qui en circonscrivent en grande partie l'ouverture, et sont d'une nature identique à celle de la partie spongieuse du pénis ; les bulbes sont donc aussi susceptibles d'érection. L'extrémité supérieure de ces organes répond au clitoris et l'érection des premiers est le prélude de l'érection de celui-ci, dont le tissu érectile reçoit le sang chassé des bulbes par des muscles spéciaux qui les compriment. Ces renflements concourent encore à l'accommodation fonctionnelle en pressant l'organe mâle, que comprime d'autre part le muscle constricteur de la tunique vaginale [1].

A l'état d'érection, le vagin a l'aspect d'un tube aplati, présentant une certaine courbure ; la verge ne peut y pénétrer qu'en écartant les parois et en redressant la courbure, circonstances qui favorisent la production des sensations voluptueuses en rendant les contacts plus intimes. Cette disposition met aussi un obstacle à la déperdition de la liqueur séminale.

La partie interne du canal vaginal est tapissée par une membrane muqueuse, qui sur les faces postérieure et antérieure de l'organe forme deux saillies longitudinales appelées *colonnes du vagin*. A ces saillies viennent aboutir des plis transversaux, très rapprochés à l'entrée vulvaire et s'espaçant d'avant en arrière. Toutes ces parties saillantes,

---

1. On a cru longtemps qu'il y avait une éjaculation féminine, mais l'impossibilité en a été reconnue. Ce qui donna lieu à cette croyance absurde est l'existence de glandes dont le conduit s'ouvre sur la paroi interne de chaque grande lèvre, correspondante à l'entrée du vagin, glandes qui sécrètent un liquide incolore et visqueux destiné à lubrifier la vulve durant les rapports sexuels. Or, sous l'impression d'une très vive sensation voluptueuse, il arrive chez quelques femmes que ce liquide s'échappe en assez grande abondance pour simuler l'éjaculation jusqu'à un certain point.

en multipliant les surfaces de frottement, sont destinées à devenir, dans l'union sexuelle, une source de plaisir et d'excitation.

En pénétrant dans le vagin, la verge exerce aussi contre les grandes et petites lèvres des frottements qui apportent leur contingent de sensations voluptueuses. Les petites lèvres sont, en outre, légèrement refoulées ; le froissement qu'elles ressentent tend à abaisser le clitoris, situé à leur réunion, et à l'amener au contact de la verge, dont il se trouve un peu éloigné au commencement de la copulation.

Le clitoris est le véritable siège de la volupté féminine. La femme à laquelle on l'a retranché ou qui l'a très petit n'éprouve que des sensations obscures et imparfaites. De même que la verge, dont il affecte la structure, et par un mécanisme analogue, de déprimé qu'il est à l'état de repos, le clitoris entre en érection sous l'influence des excitations érotiques.

Le gland et le prépuce de cet organe sont très riches en filets nerveux ; aussi, lorsque les impressions amoureuses éprouvées par la femme, dès le commencement de l'union sexuelle, ont porté l'érection du clitoris à son maximum et que de ce fait celui-ci a reçu un accroissement de longueur le mettant en contact avec le pénis, les froissements voluptueux qu'il en reçoit, comme une sorte de coup de fouet, déterminent une crise spasmodique semblable à celle qui s'empare de l'homme, et, comme elle, suivie d'une détente des organes et d'une courte prostration.

Aux parties de l'appareil générateur qui viennent d'être indiquées comme participant à déterminer le spasme final chez la femme, Ch. Robin ajoute les ovaires et la matrice qui, selon lui, sont munis d'un corps spongieux érectile. « Souvent, dit-il, l'orgasme génésique est limité aux bulbes du vagin et au clitoris. Mais il doit, quand il est à son *summum* d'intensité, franchir ces limites et envahir les organes essentiels de la fonction génitale. »

On remarquera que le clitoris n'entre en contact avec la verge que vers la fin de l'acte ; la nature, dans sa prévoyance, a voulu par là que la femme n'arrive au spasme que lorsque l'homme est sur le point de l'éprouver, de sorte que leurs transports soient simultanés.

En résumé, dans l'union sexuelle, l'homme éprouve une surexcitation mêlée d'anxiété, augmentant jusqu'à l'expulsion du sperme, laquelle se produit dans un spasme d'une grande intensité, où la volupté ne va pas sans une certaine dose de souffrance.

Les sensations éprouvées par la femme sont plus variées et d'une plus grande durée. Des lèvres, des seins, des mamelons, elle peut percevoir des impressions sensorielles très vives, alors que l'homme prélude seulement. Puis les frottements du pénis sur les nymphes, les bulbes et le canal du vagin, les froissements du clitoris, montent progressivement tout son système génital à un degré d'excitation voluptueuse, que porte à son apogée l'impression qu'elle reçoit du jaillissement de la liqueur séminale.

La femme est, comme on le voit, d'une très grande impressionnabilité ; mais il ne faudrait pas en inférer qu'elle doit fatalement succomber à toutes les attaques. Les entreprises d'un indifférent ne lui causeraient que répulsion, tandis que l'homme ne résiste guère aux avances que lui fait une femme ne lui inspirant nullement de l'amour.

Dans les bras de l'homme qu'elle aime, la femme a été conformée pour éprouver des sensations voluptueuses, dont elle goûte le charme tant que se prolonge l'irritation érotique. S'il en est autrement, si la femme reste passive alors que l'homme délire, c'est qu'on ne lui a pas fait sa part légitime d'amour, c'est qu'il y a eu atteinte aux prescriptions de la nature et de la justice.

# CHAPITRE IV

Du rôle de l'amour dans la société. — Coup d'œil historique. — Considérations physiques. — Parallèle de la fonction génératrice chez les animaux et dans l'espèce humaine. — La faculté permanente de répéter l'union sexuelle, base de la société. — Double objectif de l'union sexuelle. — Monogamie et polygamie.

Les peuples de l'antiquité ne connurent point l'amour ainsi que l'entendent les sociétés modernes. Ils ne virent en lui que le principe créateur, la force génératrice, qu'ils personnifièrent sous les traits d'êtres des deux sexes, anthropomorphes ou à face d'animaux, auxquels ils rendaient des hommages religieux. Dans les cérémonies sacrées du culte rendu à ces étranges divinités, l'acte sexuel fut le principal rite et les simulacres des organes de la reproduction, presque les seuls symboles. La représentation de *phallus* turgescents s'étalait sur les monuments, les fontaines publiques, les statues ; elle se retrouvait dans les meubles, les bijoux, nombre d'ustensiles de table ; elle entrait dans l'ornementation intérieure des habitations, etc.

Les animaux réputés pour avoir les facultés génésiques les plus énergiques eurent des autels, où se pressait une foule fervente. Le taureau — et non le bœuf Apis — était la divinité égyptienne par excellence. On adora le bouc sous les traits du dieu Pan, de Priape et des satyres. Les oiseaux prolifiques ne furent pas oubliés dans ces apothéoses de l'amour physique.

Si l'on s'éloigne dans l'espace au lieu de reculer dans le temps, on retrouve encore chez les Hindous le culte de l'organe mâle — le lingam — qui, de même qu'autrefois, en Grèce et à Rome, se dresse, énorme, dans les temples, où il reçoit les hommages des femmes ; sous forme de bijoux ou d'amulettes, il orne le cou, les bras ou la coiffure des personnes des deux sexes. Quant à l'organe féminin, les sectateurs de Vichnou en portent au front une représentation sommaire.

Cette conception toute physique de l'amour domina les religions, modela les mœurs et gouverna les arts jusqu'au jour de la réaction opérée par le Christianisme. Mais toute réaction dépasse le but. L'homme, qui n'avait mis aucun frein à ses passions, loin de se reconnaître coupable de la corruption générale, en accusa la femme. La nouvelle religion, dans son zèle spiritualiste, la déclara impure — un vase d'iniquité ! — ainsi que tout « commerce » avec elle. Les docteurs allèrent plus loin : ils proclamèrent que la continence absolue est l'état supérieur, le point de perfection qu'il faut s'efforcer d'atteindre ; principe qui eût vite dépeuplé la terre s'il avait été possible qu'il se généralisât.

Les rapports sexuels ne méritaient ni l'excès d'honneur que leur décernaient les anciens, ni l'indignité dont les frappèrent les hypocrites et les Origène. Il faut tout simplement les admettre avec leur signification, telle qu'elle se dégage des travaux des physiologistes modernes.

Dans le plan de la création, le rapprochement des sexes a pour but final la fécondation de la femelle ; mais pour peu que l'on compare ce qui se passe chez les humains et chez les animaux, nonobstant l'analogie de quelques points essentiels, on s'aperçoit bientôt combien sont profondes les différences qui existent entre l'accouplement bestial et l'union amoureuse de l'homme et de la femme, tant comme destination que comme moyens d'exécution.

C'est ainsi que, étant donné la manière dont elles sont saillies par le mâle, les femelles des quadrupèdes ont dû recevoir une conformation différente de celle des femmes, destinés à un tout autre mode de rapprochements sexuels. Les premières ont le clitoris au bas — et non en haut — de la vulve ; elles sont privées du coussin graisseux du pubis, dit « mont de Vénus », qui leur serait inutile. Chez elles, les nymphes sont absentes ou rudimentaires ; point de seins, mais de simples mamelons, ou des pis chez les femelles laitières. Tandis qu'en vue de son union avec l'homme, la femme est pourvue de ces organes accessoires qui, tout en participant aux sensations voluptueuses que procure l'étreinte, facilitent les embrassements face à face, plus nobles et plus affectueux.

D'autre part, les mâles ne recherchent les femelles et celles-ci n'acceptent les approches du mâle que durant une période de temps appelée *chaleur* ou *rut* ; de plus, il suffit presque toujours d'un seul rapprochement pour que la fécondation ait lieu. La nature a pris un soin extrême à ce qu'il en soit ainsi ; l'anatomie comparée révèle chez une foule d'animaux des dispositions spéciales de la verge lui permettant de pénétrer dans le col de la matrice, conformé pour la recevoir. Il en résulte que l'émission de la liqueur fécondante se produit à l'intérieur de l'utérus et sans déperdition.

On remarquera encore que les dimensions de la verge, la durée de l'émission et la quantité de sperme émise sont de beaucoup plus considérables, toutes proportions gardées, chez les grands mammifères que chez l'homme ; rien de surprenant, dès lors, à ce que la fécondation, chez les premiers, résulte presque à coup sûr de chaque accouplement.

Une fois fécondée, la femelle repousse impitoyablement les assauts du mâle ; d'ailleurs, l'avortement serait le prix des tentatives d'un mâle sur une femelle pleine. Dès que la conservation de l'espèce est assurée, le mâle a fini son rôle, et son association fortuite avec la femelle cesse aussitôt. Le mâle, chez les quadrupèdes, ne connaît pas ses petits.

Il est clair que l'humanité ne pouvait avoir à obéir à des lois aussi évidemment contraires à la constitution de la famille, dont la base est dans la continuité de l'association du couple générateur.

Afin d'obtenir que l'homme et la femme s'attachent l'un à l'autre, et affrontent les charges et les soucis de la famille, la nature a modifié son plan général en accordant à l'espèce humaine, à partir de la puberté, la faculté permanente de pouvoir pratiquer l'acte génital. Cette disposition est éminemment morale en ce qu'elle soumet en grande partie cet acte à la volonté, au lieu de le faire dépendre uniquement de l'instinct.

Cependant, il ne fallait pas que nous puissions nous soustraire à l'obligation de perpétuer l'espèce. D'après le principe qu'il résulte un grand agrément d'une grande utilité, nous sommes provoqués à l'utile par l'agréable.

Un plaisir est attaché à l'accomplissement de chacune des fonctions organiques, ainsi qu'une souffrance à tout refus d'obéir à leurs appels. C'est une condition de la conservation de l'être, un avertissement de pratiquer ce qui est avantageux et d'éviter ce qui est nuisible. *A fortiori*, la conservation de l'espèce étant supérieure à celle de l'individu, un charme et un attrait irrésistibles sont répandus non seulement sur l'union sexuelle, mais encore sur tout ce qui s'y rattache, même de loin.

Du moment où l'homme, seul dans la création, possédait le privilège d'aimer en toute saison, il ne pouvait être question que la fécondation fût, ainsi que chez les animaux, le résultat de chaque rapprochement, si parfaitement accompli soit-il. De fait, diverses dispositions anatomiques rendent cette fécondation très incertaine et la soustraient à la volonté de l'homme, lequel se livre à ses transports érotiques non en vue de la procréation, mais par passion, malgré le risque de paternité qu'il encourt.

La fécondation doit si peu se produire à chaque étreinte qu'on dirait, au contraire, que la nature a voulu y mettre obstacle. C'est que, de tous les animaux, l'homme est celui qui a la plus petite verge, le moins de semence et le moins de force pour l'acte vénérien. Chez lui, la durée de l'émission est aussi incomparablement plus brève.

Du côté de la femme, la dureté du col de la matrice, sa forme convexe et l'étroitesse du canal qui le perfore sont autant d'empêchements à la pénétration de la liqueur spermatique dans l'utérus, condition *sine quâ non* de la fécondation.

D'autre part, la femme ne peut, chaque mois, concevoir que pendant un certain nombre de jours, suivis d'une période inféconde (voir *chapitre IX*). Les rares exceptions à cette règle ne font que la confirmer et il reste établi que, la moitié du temps, quoique parfaitement praticables, les rapports sexuels ne peuvent entraîner la fécondation. Quant aux physiologistes superficiels niant cette période stérile, qui serait, dit l'un d'eux, « la fête de la lubricité », ils font preuve d'ignorance ou de parti pris.

Dans ces conditions, il devient évident que le puissant attrait de l'union sexuelle a pour double objectif d'assurer d'abord la conservation de l'espèce, mais tout en fortifiant l'affection récipropre des êtres formant chaque couple humain.

Ce double but générateur et affectif de l'acte génital sera mis hors de doute par la démonstration que l'homme est par destination monogame, c'est-à-dire que son rôle ne cesse pas, comme chez l'animal, avec la fécondation ; en un mot, que, durant la grossesse et l'allaitement, il n'est nullement obligé de s'éloigner de celle qu'il a rendue mère. Or, cette démonstration résulte des faits, qu'il faut savoir envisager avec impartialité.

D'abord, il règne une grande incertitude sur le moment de la fécondation ; la non-apparition des règles reconnaît d'autres causes que la conception. Ce signe, encore que très probant, n'est point infaillible. Dans son *Histoire de la génération,* Grimaud de Caux affirme que « la nature ne.

fournit aucune certitude de la fécondation avant le jour où le nouvel être s'affirme par ses tressaillements ».

En présence de ce doute, que penser du conseil que donnent gravement certains auteurs, de cesser les rapports sexuels dans les premiers mois de la grossesse ? La vérité est que, douteuse ou confirmée, la grossesse n'exclut pas les relations conjugales, dont n'a rien à redouter l'enfant, entouré qu'il est de membranes protectrices et baigné dans une épaisse couche de liquide. L'hygiène prescrit seulement d'user très modérément et avec douceur des rapports sexuels dès qu'il y a présomption que la femme est enceinte ; elle ne les interdit complètement que quelque temps avant l'accouchement et six semaines après. Toutefois, lorsque le développement de l'abdomen fait obstacle, il faut procéder avec grand ménagement, en prenant une position où aucune pression ne soit exercée sur le ventre distendu.

Quant à ne point s'approcher de la femme pendant toute la durée de sa grossesse, il n'y faut pas songer si l'on veut éviter que la future mère ne tombe en des idées noires au sujet de l'affection et de la fidélité de son mari. Et quel moment choisirait-on pour la délaisser ainsi ? Celui où elle a le plus besoin de soins attentifs et de distraction. Tandis qu'une douce étreinte de temps à autre lui rendra le calme et la gaieté en lui prouvant qu'elle n'est pas dédaignée.

Il est bon d'ajouter que la gestation, par l'état d'irritation où se trouve l'appareil génital, n'est pas sans provoquer parfois des désirs érotiques, qu'il est très légitime de satisfaire.

4

D'ailleurs, il est établi que dans l'intimité d'une femme aimée la sécrétion du sperme est sensiblement activée ; or la cause principale de l'érection étant la pléthore des vésicules séminales, si l'homme ne pouvait s'approcher de sa femme durant la totalité des neuf mois de grossesse, il n'aurait d'autre parti à prendre, s'il ne veut être exposé au supplice de Tantale que lui infligerait l'état de ses organes, que de déserter la maison.

L'homme n'a pas davantage à s'éloigner de sa femme pendant la lactation. La nature le commande si peu qu'elle donne un éclat nouveau, une plénitude de formes et un surcroît de fraîcheur à la femme assez intelligente pour avoir la coquetterie de nourrir. Et point de danger qu'elle devienne un objet de dégoût pour le mari durant l'allaitement, acte qui, loin de là, achève de la rendre désirable, car elle a le *sein*.

La mamelle, chez les femelles des animaux, est réduite ou peu s'en faut au mamelon, donc, au strict nécessaire exigé par le petit à élever. Dans l'espèce humaine, elle prend un développement spécial et devient ce sein qui réjouit l'œil par la perfection de ses contours et que l'homme ne peut contempler sans ressentir une émotion plus ou moins profonde ; ce sein en qui réside un des principaux attraits physiques de la femme et celui qu'on décore plus particulièrement du nom d' « appas ». Si la femme, quand elle nourrit, devait être quittée par l'homme elle n'eût pas — seule dans la création — été dotée du sein.

On croit à tort que l'excitation produite par l'union sexuelle suffit pour donner au lait des qualités nuisibles à l'enfant. C'est, au contraire, l'interdiction complète des plaisirs vénériens qui a souvent pour effet de faire diminuer la quantité du lait. De Haller rapporte que « la privation des rapports sexuels produit la langueur et la diminution du lait chez certaines nourrices ».

Pour la femme bien constituée — bonne nourrice, comme on dit à la campagne — une nouvelle grossesse n'est pas à craindre pendant la lactation, car les règles ne reparaissent pas, à moins, toutefois, que l'appareil générateur ne soit sollicité avec trop de fréquence.

A tout prendre, une nouvelle conception n'altère ni la quantité ni la qualité du lait chez la femme robuste et bien alimentée, qui peut continuer à nourrir sans inconvénient. La femme faible, quoique de bonne santé, ou dont l'alimentation est insuffisante, voit son lait diminuer. Dans ce cas l'enfant doit recevoir un supplément de nourriture.

Il ne s'agit en tout ceci que de l'enfant allaité par sa mère. Quant aux nourrices mercenaires, « aux remplaçantes », la nature ne les a pas prévues. Aussi leur faut-il cesser de donner le sein dès qu'elles s'aperçoivent qu'elles sont redevenues enceintes ; presque toujours, leur lait serait nuisible au nourrisson.

En possession de la faculté permanente de faire l'amour, si le mari devait s'éloigner de sa femme durant les vingt mois ou plus que demandent la grossesse et l'allaitement, la société s'écroulerait, ou, plutôt, elle ne se fût jamais constituée. Le seul sentiment du devoir eût été impuissant à retenir l'homme auprès d'une femme contrainte de se refuser à ses légitimes transports, ainsi qu'à l'attacher à l'enfant, cause innocente de refus mortifiants.

Qu'on prenne, par hypothèse, un couple formé d'un jeune homme de vingt-cinq ans et d'une jeune femme de vingt ans. Les deux époux sont sains, bien constitués, pleins de santé et de vie. Ils s'aiment à l'adoration, aussi leurs embrassements passionnés ne tardent pas à porter leur fruit. Après quelques mois de mariage, les symptômes précurseurs de la grossesse se produisent. Est-ce qu'il est possible de désunir ces heureux amants, de leur faire défense d'être aux bras l'un de l'autre jusqu'à ce que la gestation et l'allaitement aient pris fin ?

A peine sont-ils mariés, à peine ont-ils goûté aux joies conjugales légitimes, qu'en pleine lune de miel il faut décréter la séparation de corps !

Si l'acte génital n'a d'autre raison d'être que la reproduction, une fois la femme fécondée, le mari a accompli sa fonction de géniteur ; son rôle est terminé pour un temps. Au nom de la morale il ne lui est plus permis de pratiquer des rapports sexuels devenus inutiles. Eh bien ! tout cela est faux. Si cette interdiction cruelle pouvait être respectée, les conséquences en seraient désastreuses pour la morale, la vraie, celle qui découle des lois de la nature.

En effet, dans l'exemple choisi, la jeune femme qui se verrait si soudainement délaissée prendrait un fond de chagrin qui ne manquerait pas d'être nuisible à sa santé ainsi qu'à celle de l'être qu'elle porte en son sein.

De son côté, le jeune homme ne tarderait certainement pas à chercher au dehors, dans des amours illicites, la satisfaction de ses sens, que la femme qu'il aime serait tenue de lui refuser. Et cette situation fausse devrait se prolonger des mois et des mois ! Et qui dit que le mari éconduit n'aura pas contracté une liaison pendant son exil ? Est-on sûr qu'il reviendra à sa femme, du jour où elle lui apprendra que « bébé » lui permet de revenir ?

Qu'est-ce que la morale peut gagner à tout cela ?

Et puis ne sait-on pas le côté profondément humiliant qu'il y a pour l'homme, dans cette conception de l'époux-taureau, admis à « saillir » sa femme tous les dix-huit mois ou deux ans ? Et la femme, croit-on qu'elle s'attache à un mari qui ne devra s'approcher d'elle que pour la rendre grosse ?

Il y a plus : c'est que si l'on impose au jeune homme l'obligation de s'éloigner de sa femme aussitôt qu'elle sera enceinte, il prendra ses mesures pour qu'elle ne le devienne pas ; non par égoïsme pour éluder le souci de la famille, mais par amour pour sa femme dont il n'entend pas être séparé. Et voilà les ordres de la nature enfreints et la débauche introduite au lit conjugal !

On voit à quels désordres conduirait l'application du principe, qui veut que les caresses amoureuses ne soient permises qu'en vue de la reproduction de l'espèce et doivent cesser dès que celle-ci est assurée. Cette constatation en démontre péremptoirement la fausseté.

Il existe pourtant une société où la religion interdit rigoureusement tout rapprochement charnel du premier jour de la grossesse jusqu'au moment du sevrage ; mais cette défense a pour correctif la polygamie. Il est connu que le lien de la famille est bien plus faible chez les mahométans que chez les peuples monogames. Au surplus, le souci de conserver intacte la vertu de leurs multiples épouses, entraîne les musulmans à leur faire subir, parquées dans le harem, un esclavage odieux et avilissant.

La polygamie trouve sa condamnation, dans le fait qu'il naît sensiblement autant de filles que de garçons, preuve incontestable que l'homme est destiné à n'avoir qu'une femme [1]. Pour un pacha qui en possède cinquante, tandis que chacune d'elles ne participera qu'à un cinquantième de mari, il y aura quarante-neuf hommes contraints à rester célibataires. C'est de l'immoralité à haute pression.

Or la justice et l'équité sont incompatibles avec l'immoralité ; elles ne peuvent se rencontrer que dans la monogamie, qui est l'association de deux individus de sexe différent, dont la réunion forme le couple, ou être humain parfait. Cette association a pour conséquence la constitution de la famille et, par suite, celle de la société ; elle a pour base essentielle cette faculté, accordée à la seule espèce humaine pubère, de pouvoir effectuer les rapports sexuels en tout temps et en toute circonstance hors l'état de maladie ; et, alors même que — ainsi que dans la période qui va de l'expulsion d'un ovule à la maturité d'un autre, pendant la gestation et l'allaitement, ou après la ménopause — ces rapports ne sauraient avoir la fécondation pour résultat. Loi d'amour et de haute mora-

1. On a objecté en faveur de la polygamie, que chez les peuples qui l'observent comme un dogme, les naissances féminines sont les plus nombreuses. Le fait est exact, mais il ne prouve rien. La prédominance des filles sur les garçons est dans une faible proportion — un vingtième au plus — et, du reste, elle s'explique par l'affaiblissement physique qui ne manque pas d'atteindre ceux qui, ayant plusieurs femmes à leur disposition, ont une tendance forcée à abuser des plaisirs vénériens.

lité qu'il est à l'honneur de la science moderne d'avoir dégagée.

La principale cause d'attachement de l'homme et de la femme réside dans l'attraction sexuelle ayant son expansion dans les rapports génésiques ; dès lors, tout ce qui maintiendra ces rapports dans les conditions précises qui leur sont fixées par la nature, sera moral et utile à la société. Au contraire, toute idée philosophique ou religieuse, qui chercherait à en diminuer l'importance ou à les reléguer sur un plan secondaire, sera immorale et subversive de l'ordre établi.

Mais, pour que ces rapports, selon l'expression d'un philosophe, deviennent « une heureuse compensation aux chagrins et aux misères de la vie », il faut d'abord qu'ils soient sanctionnés par l'amour, la plus noble et la plus légitime des forces sociales. Des unions qui ne sont pas formées par ce sentiment, il ne peut rien résulter de bon ni de durable

# CHAPITRE V

Du mariage. — But et avantages. — Intérêt de l'enfant. D'où
provient les mauvais ménages. — Légèreté des choix. —
Causes physiques et causes morales de désunion. — Statistique
du divorce. — La « crise ». — La femme est toujours méconnue.
— Nécessité pour l'époux de posséder des connaissances physiques sur la fonction génitale.


C'est dans le mariage, consécration par la société de
l'union de deux êtres, que l'amour devrait trouver son
entière satisfaction, ainsi que son expansion complète au
double point de vue psychique et physique, c'est-à-dire en
temps que sentiment affectif et principe générateur. Il s'en
faut pourtant de beaucoup qu'il en soit ainsi, par suite de
nombreuses causes qui vont être examinées dans ce chapitre, et dans lesquelles on retrouve presque toujours une
réaction du physique sur le moral.

Durant des milliers d'années, le mariage n'a été autre
chose, et n'est encore sur la plus grande partie de la terre,
que la prise de possession de la femme par l'homme, dont
elle devient plus ou moins l'esclave.

Dans nos sociétés civilisées — ou prétendues telles — il
a une destination plus haute ; c'est une institution poli-

tique, sociale et religieuse, créée en vue de la constitution de la famille, et établie pour la protection de la femme et de l'enfant [1].

Par les habitudes de vie régulière qui en sont la conséquence, le mariage est favorable à la santé des époux, ce qui est prouvé par une durée moyenne de l'existence plus élevée chez les gens mariés que chez les célibataires ou les veufs.

De plus, les enfants conçus dans le mariage ont plus de chance d'être bien constitués, que ceux qui résultent d'embrassements furtifs échangés au milieu d'alarmes continuelles. Ces derniers, — portés par une mère contrainte de prendre des précautions pour dissimuler son état, vivant souvent dans les privations, en proie aux soucis de l'avenir, — viennent au monde débiles et maladifs. D'ailleurs, la plupart manquent des soins que réclame la première enfance ; ils sont tout désignés pour peupler les hôpitaux et les cimetières.

Il ressort en France de la comparaison des registres de l'état civil avec les tableaux de conscription que, sur 100 naissances mâles illégitimes, 26 enfants seulement parviennent à l'âge de vingt ans.

Les choses changent de face si les parents sont libres de se rapprocher sans contrainte ; si la mère, fière de sa grossesse, n'apporte aucune entrave à son développement ; si l'enfant, dont la venue est considérée comme un bonheur, est choyé et entouré de tous les soins imaginables. Dans

---

1 Inutile de s'arrêter à l'union libre, comme si, sous la poussée des sens, l'homme et la femme étaient réellement libres !

ces conditions, 67 garçons sur 100 — près du triple des enfants naturels — arrivent à l'âge du service militaire.

L'enfance est longue dans l'espèce humaine et exige une aide et une surveillance incessantes de la mère et du père. De là, nécessité que l'union de ceux-ci soit durable ; sa rupture est toujours préjudiciable aux enfants. Le divorce a été établi pour mettre fin à des maux incontestables, mais il serait désirable qu'on n'y recourût — de même qu'à une intervention chirurgicale — que lorsque l'on a épuisé inutilement tous les autres moyens curatifs.

Quand le mariage n'a pas été fécond, peu importe que les époux se séparent et cherchent le bonheur dans une autre union. Il n'en va plus de même quand des enfants sont nés et ont grandi près de leurs parents ; il est toujours fâcheux pour eux que les auteurs de leurs jours se séparent pour aller contracter d'autres liens.

« Les enfants, a dit Saint-Marc Girardin, qui ont leur mère dans une famille et leur père dans une autre, ne savent plus à qui attacher leur respect et leur amour ; ils n'ont ni centre ni point de ralliement. »

L'intérêt des enfants, et par suite de toute la société, est que le divorce soit restreint aux seuls cas qui n'admettent aucune autre solution. Mais pour obtenir ce résultat, il faudrait pouvoir combattre efficacement les causes qui désunissent les époux, ce qui implique la connaissance de ces causes.

La recherche des motifs qui jettent le trouble dans les ménages a fait l'objet, de la part des philosophes, des moralistes et même des romanciers, de travaux des plus considérables, très intéressants, mais fort peu concluants et point efficaces, somme toute, puisque les demandes de divorces augmentent d'année en année. Cet insuccès s'explique par le fait que les uns et les autres ne font guère entrer en ligne de compte que les causes morales, effleurant à peine les causes physiques, de beaucoup plus importantes, puisqu'elles réagissent sur le moral et peuvent le transformer du tout au tout.

Pour expliquer le mystère de tant d'unions brisées sans aucun espoir de retour, il faut d'autant plus tenir compte des raisons physiques de désaccord que ce sont souvent elles qui font naître les raisons d'un autre ordre, ou qui les aggravent et les rendent incurables quand le germe s'en rencontre déjà. Il n'y a pas de médecin qui ne puisse en dire long à ce sujet.

Certes, jamais une femme peu soigneuse de sa personne, criarde, médisante, dépensière, inhabile à diriger son intérieur et à soigner ses enfants, non plus qu'un homme paresseux, ivrogne, joueur ou brutal ne pourront faire bon ménage avec qui que ce soit. Sans doute, il est rare que tous ces défauts existent d'emblée, toutefois ils se déclarent et progressent alors que les causes physiologiques ont commencé leur lent mais sûr travail de désagrégation.

C'est que toute union qui n'a pas l'amour pour base est au premier chef immorale et antisociale ; elle est condamnée à se dissoudre dans un temps plus ou moins long. Impossible qu'elle évite la catastrophe, parce qu'entre époux qui ne s'aiment pas, les rapports conjugaux, loin d'être un motif d'attachement, deviennent fatalement une source d'irritation et de haine.

En revanche, l'union contractée par amour est un acte moral, éminemment bon en soi, utile à ceux qui la contractent ainsi qu'à la société ; elle sera durable si les époux s'appliquent à préserver leur mutuelle affection de tout malentendu.

Bien qu'on ne puisse imposer des lois à l'amour qui, de même que l'esprit, souffle où il veut, encore l'homme devrait-il écouter la voix de la raison et tenir compte des conseils de l'expérience dans le choix d'une compagne. Rarement il s'informe de l'état de santé de la jeune fille qu'il courtise ; s'il apprend même qu'elle a quelques dispositions maladives, il passe outre. A plus forte raison ne s'enquiert-il pas des antécédents morbides des parents et ne tient-il nul compte, le cas échéant, de son degré de parenté avec sa future.

Nombre d'hommes conservent dans leurs désirs l'obstination de l'enfant ; quand une femme leur plaît, ils veulent la posséder contre vent et marée, et en passeront s'il le faut par le mariage pour atteindre ce but, quitte à briser leur jouet dès qu'ils en seront rassasiés.

Les unions entre une personne saine et un sujet maladif ne peuvent être heureuses ; à défaut de la raison, la loi devrait pouvoir les interdire, car elles mettent la société en péril par les êtres dégénérés qui en résultent.

Les mariages entre proches parents sont aussi à déconseiller ; pourtant le *flirt* entre cousins et cousines continuera à sévir tant qu'il y aura des jeunes gens timides de nature, dont les sens seront éveillés avant la raison. C'est pour ceux-là que le docteur Ménière, qui dirigea longtemps un hospice de sourds-muets, écrivit dans son ouvrage, *Le Mariage entre parents* :

« C'est dans les pays où les mariages consanguins sont le plus en usage que l'on observe dans toute sa laideur la dégradation de l'espèce, l'abâtardissement de la race ; là règnent le crétinisme, l'idiotie, la surdi-mutité de naissance. »

La question des tempéraments n'est pas non plus indifférente. Le jeune homme pourra à ce sujet, et bien qu'elles n'aient aucune valeur scientifique, puiser peut-être quelque indication dans les lignes suivantes de Théophile Gautier :

« Dans l'union d'une blonde et d'un brun, le diapason ne saurait exister ; l'amour qui unit ces deux êtres est factice, car il n'est point de même essence. L'être brun aime avec la chair, c'est un matérialiste ; tandis que l'être blond aime avec le cœur, et le plus souvent avec l'imagination. Il est spiritualiste d'essence.

« Si un brun épouse une blonde, cette pauvre blonde souffrira, elle trouvera son époux trop ardent, trop sensuel ; il la froissera dans ses aspirations, qu'il ne saura pas comprendre ; ce sera la nuit unie au jour : une impossibilité.

« Le blond qui épousera une brune éprouvera les mêmes souffrances ; il cherchera son idéal, pendant que sa brune moitié, mécontente de lui, demandera des consolations à un officier très brun. »

Pour qu'une union soit à l'abri de toute atteinte, il ne suffit pas que l'amour l'ait formée et que les convenances de santé, de tempérament et de caractère s'y rencontrent. Il importe aussi que chez les deux êtres l'amour reçoive sa pleine satisfaction en tant qu'élément affectif et élément instinctif. Trop souvent le premier est amoindri, et même totalement aboli par le second, mal ou incomplètement interprété.

Les causes les plus graves de mésintelligence sont celles qui prennent leur source dans l'acte génital. S'il a lieu en conformité avec les prescriptions de la nature, l'époux est bienveillant et l'épouse docile ; les concessions réciproques que toute association nécessite se font d'une manière pour ainsi dire inconsciente.

L'individu ne conserve la santé qu'autant qu'il accomplit normalement et intégralement toutes ses fonctions organiques ; ce n'est pas forcer l'analogie de déduire de ce fait que les époux, de même, ne vivront en bonne harmonie — la santé conjugale — qu'autant qu'ils accompliront normalement et intégralement l'acte génital, la seule fonction qui exige leur commun concours.

Dans les cas où les rapports sexuels sont nuls, rares ou défectueux, le lien conjugal se relâche, se désagrège graduellement et finit par se briser complètement. Preuve en est l'adultère, qui n'est, après tout, qu'un voyage extra-conjugal à la recherche des voluptés génésiques qu'on ne rencontre pas avec son conjoint.

Les médecins qui se sont plus spécialement occupés des maladies des femmes sont unanimes à reconnaître que la perfection ou la défectuosité de la copulation exerce une influence bonne ou mauvaise sur la santé de la femme et la durée du bonheur conjugal.

Après l'opinion de la Faculté relative à la femme, celle de l'Église touchant l'homme. Voici la recommandation expresse faite par l'abbé Gaume dans son *Manuel des confesseurs* : « Ordinairement, demandez aux épouses si elles ont rendu le *devoir conjugal*, parce qu'un grand nombre se damnent à cause de cela, et sont cause de la damnation de leurs maris qui, se voyant refuser leur *droit*, commettent mille indignités. »

D'ailleurs, les statistiques annuelles, publiées en France par le ministère de la Justice, établissent péremptoirement que le divorce est demandé surtout dans les cas qui reconnaissent pour motif déterminant une cause physiologique. De ce nombre sont l'adultère — sur lequel se fonde le cinquième des requêtes — et une bonne partie des « injures graves », la loi admettant comme telles le refus de consommer le mariage, la négligence prolongée, ainsi que les propositions révoltantes et hors nature qu'un mari dépravé ferait à l'épouse.

Cause physiologique encore celle qui pousse les époux dont l'union est demeurée stérile à demander, non une séparation de corps, mais bel et bien le divorce, leur permettant de recouvrer la liberté de contracter un nouvel hymen [1]. Au surplus, et à moins qu'elle ne soit affligée d'un vice organique évident, la femme sans enfant est portée à rejeter la faute de la stérilité sur le mari. Elle ne peut s'avouer qu'elle est impropre à la maternité, partant un être inutile et dont la vie est sans but.

Les mariages entre gens dont l'âge offre une grande différence aboutissent fréquemment à la dissolution par ce motif, tout physique, que l'époux le plus jeune se désaf-

---

1. Sur 100 ménages plaidant en divorce, il n'y en a pas moins de 42 sans enfants.

fectionne de l'autre dès que celui-ci est atteint par les «irréparables outrages» du temps. D'autre part, ces unions immorales sont toujours préjudiciables à la santé du plus jeune ; elles sont aussi fort souvent stériles, notamment si la femme est la plus âgée des deux époux. Il serait préférable, du reste, que toutes les unions de ce genre fussent infécondes, les enfants qui naissent de parents dont l'âge n'est point en rapport, étant généralement mal conformés au moral ou au physique.

La statistique constate aussi que, plus fréquemment que le mari, la femme demande la rupture du mariage [1], lequel, pourtant, a été institué à son profit. La physiologie donne encore l'explication de ce fait contradictoire en apparence. C'est qu'en cas de mésintelligences conjugales, l'homme se fait peu scrupule de chercher des consolations hors de chez lui ; ce qui ne l'empêche pas, pour satisfaire ses sens, de provoquer des rapprochements passagers avec sa «légitime». Tandis que pour la femme dont les sentiments sont restés honnêtes, c'est, au contraire, un supplice intolérable que d'avoir à subir les caresses de l'homme qu'elle n'aime plus, de l'être qui, par inconduite, égoïsme ou brutalité, a tué en elle toute affection.

Il est à remarquer, de plus, que le divorce est demandé proportionnellement plus à Paris que dans les départements, plus dans les villes qu'à la campagne, plus par les époux riches ou aisés que par ceux qui sont peu fortunés, plus par les personnes d'une éducation raffinée que par

1. Sur 100 requêtes en divorce, 62 sont présentées par la femme et 38 par le mari.

celles dont l'instruction est élémentaire. On divorce fort peu parmi les cultivateurs et les domestiques, mais assez fréquemment chez les marchands et négociants ; les gens oisifs divorcent plus que ceux qui travaillent.

Le nombre des désunions augmente donc à mesure qu'on s'éloigne de l'état de nature pour s'élever en civilisation, et cette conséquence était à prévoir.

En plaçant l'homme dans des conditions vitales artificielles, la civilisation a apporté dans les fonctions organiques de nombreuses causes de troubles d'où découlent des maladies — anémie, phtisie, dyspepsie, neurasthénie, etc. — inconnues des populations vivant en plein air, à la face du soleil et ne faisant pas de la nuit le jour ; mais qui sévissent parmi celles qui respirent l'atmosphère viciée des grandes agglomérations humaines et en partagent la vie factice et surmenée.

Comme les autres, la fonction génératrice a subi l'influence perturbatrice de la civilisation et de l'existence mouvementée, quasi fébrile des villes. Les rapports sexuels frauduleux ou extravaginaux, par exemple, sont à peu près ignorés des paysans ; et les vapeurs, l'hystérie, la leucorrhée ne s'attaquent guère aux femmes de la campagne, lesquelles ont des grossesses moins pénibles et des couches moins laborieuses que les citadines.

Il faut considérer aussi que c'est dans les classes aisées qu'il se contracte le moins de mariages d'inclination. L'important, dans beaucoup de familles aristocratiques ou bourgeoises, est d'assortir des positions et d'accoupler des fortunes. Les convenances d'âge, de tempérament, de caractère, ne sont qu'accessoires, quand toutefois on s'en occupe. Entre époux jetés l'un à l'autre dans de telles conditions, ce serait miracle que les rapports conjugaux tardassent à devenir insupportables.

Au point de vue du temps qu'ont duré les mariages dissous par le divorce, la statistique fournit pareillement de précieux et suggestifs renseignements. Sur 100 unions rompues par les tribunaux, 24 datent de moins de cinq ans, 36 de cinq à dix ans, et le reste de plus de dix ans. Ces chiffres témoignent que la période critique est celle qui s'étend de la cinquième à la dixième année du mariage. Mais ils indiquent aussi, ce qui ne laisse pas de surprendre *a priori*, qu'un nombre considérable d'époux — le quart environ — recourent au divorce après moins de cinq ans de ménage, et même dès la première année.

C'est un célèbre philosophe, moraliste, économiste, académicien et sénateur par surcroît, Jules Suisse, dit Jules Simon, qui va nous permettre de donner la clef de ce mystère.

Dans un discours qu'il prononça au Sénat français contre le rétablissement du divorce, proposé par M. Naquet, il a caractérisé du nom de *crise* un certain état d'esprit où, selon lui, tombent hommes et femmes après un certain temps de vie en commun.

« Il y a généralement dans la vie, proclama-t-il du haut de la tribune sénatoriale, une « crise ». Vous vous mariez, vous vous adorez et, dans le langage commun, on appelle cela *la lune de miel*. La lune de miel est généralement suivie, pour les cœurs bien placés, de beaucoup d'autres lunes de miel... Mais, il arrive que l'amour s'éteint, l'amour physique, l'amour violent, l'amour impétueux, l'amour troublant. Il s'éteint par la passion, il s'éteint par la durée, il s'éteint par l'affaiblissement, peut-être, des sens.

« A ce moment-là, il y a une crise terrible pour la destinée des deux époux ; il se peut parfaitement que la satiété produise presque le dégoût — en tout cas une irritabilité maladive — et que, pour une question, peut-être légère, on se laisse aller à la pensée qu'une séparation serait possible...

« Est-ce que je fais un roman, Messieurs ? Je parle à des hommes qui connaissent la vie et je leur parle d'un des événements les plus ordinaires et en même temps les plus considérables de l'existence. »

On voit, par cette citation, que Jules Simon reconnaissait l'importance prépondérante des causes physiques. Mais il s'est étrangement mépris, ce semble, sur les motifs qui déterminent cet état indéniable de crise que traversent tant d'unions.

« Il vient un moment, a-t-il dit, où l'amour s'éteint, l'amour physique, impétueux, violent ; il s'éteint dans le dégoût produit par la satiété. » Tout cela peut bien être vrai s'il ne s'agit que de l'homme. Toutefois, croit-on qu'avec sa nature affectueuse et caressante la femme s'accommode toujours de ces violences ? Est-il surprenant qu'elle soit parfois effrayée par ces tempêtes ? Et cette « irritabilité maladive » qui s'empare effectivement de beaucoup de jeunes mariées, faut-il l'attribuer à la satiété, quand la plupart d'entre elles ne connaissent l'amour qu'à titre onéreux ?

La vérité est que l'homme a toujours ignoré la femme

et qu'il ne la comprend guère mieux aujourd'hui qu'elle ne le fut à aucune époque.

L'Hébreu Salomon inscrivait dans ses *Proverbes* : « La vertu des femmes n'est que vice et leur beauté que danger ». Le Grec Hésiode prétendait que « la femme n'est qu'une calamité ; Jupiter n'a donné à l'homme la race des femmes que pour se venger de Prométhée ». Son compatriote Euripide posait en principe qu' « un jeune homme qui meurt dans une famille est regrettable, mais non une femme ». (On sait que dans l'antiquité on tuait volontiers les filles à leur naissance et que cette pratique barbare se rencontre encore chez les Hindous.) Le latin Plaute s'écriait, de son côté : « Inutile de choisir entre les femmes, la meilleure ne vaut rien. »

Les livres sacrés des différents peuples ne se montrent pas moins pleins de mépris pour la femme.

On lit dans l'*Ecclésiaste* : « J'ai trouvé quelque chose de plus amer que la mort : la femme, dont le cœur est un piège et un filet, dont les mains sont des chaînes. — La femme est l'origine de tout péché. »

Si l'on passe aux *Livres du Brahmanisme*, on y rencontre cette diatribe : « Par qui a été fabriqué ce dédale d'incertitude, ce temple d'impudicité, ce champ semé de mille caprices, ce recueil d'erreurs, cette barrière des portes du ciel, cette bouche de la cité infernale, cette corbeille pleine d'artifices, ce poison qui ressemble à l'ambroisie, cette corde qui attache les mortels à ce bas monde, la femme en un mot ? »

Moins violent, mais guère plus courtois, le *Livre des Edda*, où se trouvent ces aménités : « Personne ne doit croire ni aux discours des jeunes filles, ni à ce que disent les femmes, parce que leur cœur a été formé sur une roue tournante, et la fourberie a été mise dans leur sein. »

L'Église catholique n'est pas tendre non plus pour la femme. Nous avons vu qu'elle l'appelle « un vase d'iniquité » et « l'appendice de l'homme ». Voici l'opinion de saint Bonaventure à son égard : « Quand vous voyez une femme, figurez-vous avoir devant vous, non pas un être humain, pas même une bête féroce, mais le diable en personne ; sa voix est le sifflet du serpent. » Enfin, au moyen âge, un concile discutait gravement s'il fallait reconnaître une âme à la femme.

Au siècle dernier, Schopenhauer n'accepte les femmes que comme « des êtres inférieurs et séduisants, dont la mission est de conspirer aux fins de la nature et, par l'attrait qu'elles exercent sur l'homme, d'assurer la perpétuité de l'espèce ».

Le philosophe, s'il n'est physiologiste, qualifie la femme de « tissu de contradictions ». Le physiologiste qui n'est pas quelque peu psychologue croit l'avoir intégralement expliquée en clamant brutalement : « C'est une matrice ! » Michelet, qui était philosophe, et se crut physiologiste pour avoir feuilleté l'atlas d'un traité d'accouchement, la représenta sous les traits souffreteux d'une valétudinaire — l'éternelle blessée — dont l'homme doit se constituer le garde-malade.

Autant d'erreurs !

Seule, une physiologie rationnelle qui, s'appuyant sur la psychologie, aura étudié les rapports du moral et du physique, ainsi que les réactions qu'ils peuvent exercer l'un sur l'autre, peut fournir à l'homme les connaissances qui lui sont indispensables pour qu'en amour il fasse à la femme sa part légitime. Elle lui enseignera les différentes circonstances qui sont susceptibles de se produire dans l'acte génital et l'influence qu'elles exercent sur la santé et le moral des époux ; elle lui fera connaître les causes morales, physiques ou organiques qui troublent le fonctionnement de l'appareil génital, ainsi que les moyens propres à combattre ces désordres et à ramener l'union sexuelle à la normale.

Mais, quel ouvrage se place à ce point de vue ? Rien ne paraît changé depuis le temps où Montaigne s'écriait avec tant de bon sens : « Qu'a donc fait l'action génésique aux hommes, si naturelle, si nécessaire et si juste, pour n'en oser parler sans vergogne, et pour l'exclure des propos sérieux et réglés ? »

Quand comprendra-t-on qu'avant d'élever un jeune homme à la dignité d'époux, de futur père de famille, il faut l'instruire des lois qui président à la reproduction et des phénomènes qui dérivent de ces lois ? Pourquoi la fonction de procréateur, tout comme le métier des armes qui va à fin contraire, n'exigerait-il pas des connaissances spéciales ?

Il est immoral autant qu'imprudent que l'homme ignore les devoirs que lui imposent ses rapports sociaux avec la femme qui l'accompagnera dans la vie ; il est aussi immoral et encore plus imprudent qu'il ne sache pas dans quelles conditions s'effectuent les rapports conjugaux et quel est le jeu régulier des organes qui concourent à ces rapports. Pourtant, combien peu ont cette science !

« Il suffit, dit le docteur Seraine, de jeter un coup d'œil sur l'organisation de notre société et les idées générales qui y ont cours pour se convaincre de la profonde ignorance dans laquelle les hommes vivent sur tout ce qui tient à la génération de l'homme, aux limites de la puissance prolifique, au choix des couples, à la transmissibilité héréditaire des qualités et des vices. L'homme se produit au hasard aveugle des intérêts et des convenances, et le mariage est presque toujours un marché ! »

Le secours de la science est d'autant plus indispensable ici, que les plus grandes absurdités circulent parmi les jeunes gens, qui ne se livrent que trop aux plus sottes vantardises.

« La science enseignée convenablement, avec soin et sincérité, dit le docteur Max Nordau, ne peut faire aucun mal. Il me semble à la fois monstrueux et absurde de laisser un être humain adulte, mûri d'esprit et de corps, peu importe qu'il soit mâle ou femelle, croupir dans l'ignorance du fait le plus important de la vie, de la biogénésie. »

Voici une femme maintenant, Mᵐᵉ Juliette Adam, qui proclame à son tour la nécessité d'instruire hommes et femmes au seuil du mariage. « La vie, dit-elle, est une lutte pour l'existence, et nous devons le plus possible et sans distinction de sexe instruire les êtres humains sur les conditions, les risques, les exigences et les inconvénients de la vie individuelle et sociale. »

Aux notions fausses que le jeune homme qui a fait ses humanités — et ne connaît rien des humains — aura puisées dans les auteurs anciens, en traduisant Aristophane,

Martial ou Apulée, il n'est que temps de substituer des notions physiologiques exactes ; alors les aberrations de l'amour seront beaucoup moins à redouter.

En matière génésique le savoir de l'époux doit-il être moindre que celui du confesseur ? Ne faut-il pas que ce dernier, confident de toutes les passions, encore qu'il lui soit interdit d'en éprouver aucune, possède à fond la connaissance de toutes les particularités — même hors nature — qui se rattachent aux rapprochements sexuels ? Ne le veut-on pas docteur ès sciences conjugales pour qu'au tribunal de la pénitence, juge impartial des déduits amoureux, il puisse décider pertinemment si tel baiser est permis, si telle caresse n'a rien de coupable ?

Qui donc oserait s'enquérir du degré d'instruction sur ce chapitre, de celui qu'on admet à prendre épouse ? Toute investigation à cet égard serait considérée comme de la dernière inconvenance. Cependant, s'il s'agissait d'une machine quelconque, on s'assurerait si l'ouvrier qui s'offre pour la conduire connaît le jeu de chacune de ses pièces, ainsi que les principes de sa construction.

Mais la prudence, le soin jaloux qu'on apporte à la conservation d'un organisme de bois et de métal, on s'en départit indifféremment quand il s'agit d'un organisme vivant, d'une créature en chair et en os, pouvant penser, aimer et souffrir ! L'éleveur est infiniment plus difficile pour le mariage de ses génisses et de ses juments que le commun des hommes pour celui de leurs filles ou de leurs fils. Que dire de cette incroyable insouciance des parents qui met en péril le bonheur et la santé de leurs enfants, car elle les expose à livrer leurs filles à des hommes ignorants et brutaux, la brutalité en amour étant — qu'on le sache bien — la conséquence fréc    .e de l'ignorance.

Il se rencontre toutefois des pères de famille qui ne disent point comme ce personnage de comédie : « Quel beau jour pour un père que celui où il se débarrasse de sa fille ! » Ils prennent donc des renseignements. Après s'être enquis de la fortune et de la position de leur futur gendre, ils glissent rapidement sur son état de santé pour arriver à la conduite. Il importe surtout pour eux que le jeune homme ait « jeté sa gourme ». Celui qui serait resté trop sage est estimé ne pouvoir faire qu'un médiocre mari ; on le soupçonne capable d'accomplir après le contrat les fredaines qu'il n'a pas commises avant. Aussi, ne lui demande-t-on pas s'il connaît la femme, mais s'il l'a *pratiquée;* s'il possède l'expérience que, croit-on communément, donne la vie de garçon plus ou moins largement menée.

Étrange méprise ! Erreur qui fut et sera fatale à bien des unions ! L'expérience acquise dans les amours faciles est des plus trompeuses et ne peut que devenir préjudiciable à l'homme assez imprudent pour croire qu'il en trouvera l'application dans son ménage. C'est qu'on ne peut conclure de la femme folle de son corps à la jeune fille chaste et modeste. Entre elles la différence n'est pas moins grande moralement qu'au point de vue physiologique. Autant vaudrait comparer un torrent impétueux et roulant des eaux troublées à un ruisseau calme et limpide.

En r    é, les travaux scientifiques et biologiques modernes, corroborés par les données positives fournies par la statistique, établissent de la manière la plus incontestable que tous les motifs de désunion conjugale peuvent en dernière analyse, se ramener à des imperfections dans les rapports sexuels. Il résulte de cette constatation que, pour avoir chance de faire un bon ménage, il ne suffit pas que l'amour soit à la base du mariage, tout en en étant la première condition ; il faut encore que le futur époux ne risque pas, par ignorance, maladresse, impatience, violence, apportées dans ses rapports, de détruire l'affection que sa fiancée aurait pour lui.

C'est à préserver le nouveau marié d'un malheur si fréquent que sont consacrées les pages qui vont suivre, où sont réunies les connaissances qui lui sont indispensables pour qu'il se conduise en toutes circonstances de manière à ce que sa femme éprouve en amour sa légitime part de satisfaction; ce qui ne diminuera en rien la sienne propre, bien au contraire.

# CHAPITRE VI

Un mot sur les voyages de noces. — Conseils aux hommes sur la première nuit. — L'initiation. — Le « viol légal », ses conséquences démoralisatrices et ses dangers physiques. — La folie *post-nuptiale*. — Valeur de la membrane *hymen* comme signe de la virginité.

Les premiers instants de la vie commune, ceux pendant lesquels le mariage est *consommé*, selon l'expression légale, peuvent devenir chez l'épousée — et deviennent en effet fort souvent — le point de départ d'un éloignement pour le mari, allant se fortifiant chaque jour. Il ne saurait être apporté trop d'attention à ce moment décisif, qui est la pierre de touche de l'époux, et d'où dépend beaucoup plus qu'on ne le croit le bonheur ou le malheur ultérieur.

Et, d'abord, point de voyage de noces ; cette coutume dépourvue de toute poésie, immorale, ridicule, malsaine et même meurtrière, est née de la vanité de l'homme. Il est fier d'exhiber à tous les regards l'esclave qu'il vient d'attacher à son char de triomphe.

Le prétexte de cette mode barbare est de soustraire la jeune femme aux plaisanteries dont elle peut devenir l'objet au lendemain de sa défaite. Mais, ne voit-on pas qu'on l'expose aux propos indiscrets des autres voyageurs, ainsi qu'aux allusions grossières des gens d'hôtels ; sans compter qu'elle n'échappera pas aux moqueries amicales de son entourage, qui n'auront été que différées et l'accueilleront à son retour.

Si l'homme tenait la femme en plus haute estime, il comprendrait combien il est préférable de passer sa première lune de miel au logis, plutôt que d'en semer les souvenirs sur tous les chemins et dans de vulgaires et banales chambres d'auberge. Il va sans dire que les époux d'humeur vagabonde seront toujours libres de se mettre en route quand la jeune mariée aura pris un peu l'habitude de sa nouvelle situation.

A défaut d'aspirations idéales, l'homme devrait au moins avoir assez de générosité pour ne pas infliger à sa compagne des fatigues susceptibles d'altérer grandement sa santé, ou, tout au moins, de déterminer des indispositions toujours fâcheuses.

Ainsi — et pourquoi n'en parlerait-on pas ? — dans les premiers temps, la femme n'ose, en compagnie de son mari, satisfaire ses besoins les plus naturels : elle ne peut se décider à le mettre dans la confidence de ces détails vulgaires, et se retient de longues heures en guettant l'instant propice. D'où des constipations opiniâtres et des douleurs cuisantes dans les voies urinaires. Est-ce que le seigneur et maître se soucie de cela !

Il y a autre chose de beaucoup plus grave, c'est que le surmenage des voyages de noces provoque de fréquentes fausses couches. Le docteur Guéneau de Mussy a écrit à ce sujet les lignes suivantes, que les jeunes gens délicats —

inutile de s'adresser aux autres — feront bien de méditer
attentivement :

« A peine les jeunes époux sont-ils unis que, pour obéir
à une mode, ils se lancent à toute vapeur dans des péré-
grinations lointaines. L'appareil le plus important de
l'économie de la femme, celui pour lequel elle vit tout
entière, suivant l'expression d'Hippocrate, va entrer en
fonction au milieu de circonstances qui la rendent plus
nerveuse et plus irritable. Elle va subir un vrai trauma-
tisme qui ébranlera tout son être, et c'est ce moment
qu'on choisit pour ajouter aux incitations conjugales de
l'organe les trépidations des chemins de fer, les courses
fatigantes, les émotions d'une scène qui change sans cesse.
Des journées d'une activité fébrile succèdent à des nuits
qui ne les réparent pas.

« Combien de métrites catarrhales rebelles, d'engorge-
ments, de péritonites suivies de stérilité, quelquefois
même mortelles ; combien de fausses couches qui, mal
soignées, rendent l'organe inapte à une nouvelle fécondation ou préparent une série de fausses couches successives,
ont succédé à ces voyages insensés ! »

L'opinion du docteur Gallard n'est pas moins fortement
motivée. « La jeune femme, dit-il, qui, au moment de la
conception, a éprouvé des sensations inconnues pour elle,
ne soupçonne pas l'état dans lequel elle se trouve. Pendant le cours du voyage, quelquefois à la suite d'une
excursion plus ou moins fatigante, elle voit apparaître ses
règles. Sont-elles en retard ou en avance ? Elle songe à
peine à le remarquer. Leur abondance même, plus grande
peut-être que d'habitude, n'attire pas son attention ou lui

paraît justifiée par son état nouveau. Du repos, des soins hygiéniques qu'elle avait l'habitude de prendre à cette époque, il est à peine question.

« Le voyage continue, les fatigues se succèdent. Une nouvelle époque ou peut-être un nouvel avortement se produit et, au bout de quelques mois, la nouvelle mariée, partie bien portante, revient épuisée, endolorie, toute désolée de rester inféconde, alors que l'état dans lequel elle se trouve est la conséquence d'une ou de plusieurs conceptions ayant mal abouti, plutôt que d'une stérilité véritable. »

D'ailleurs, que la nuit de noces se passe au domicile conjugal, en sleeping-car ou sur une mauvaise couche d'hôtel, la conduite de l'homme dans le premier rapprochement n'en doit pas moins être très circonspecte. Il importe, en ayant recours à des transitions qu'on ne saurait trop graduer, de faire accepter à la jeune vierge ce qu'il y a de révoltant pour sa pudeur dans ce contact que, si instruite de la vérité soit-elle en théorie, elle ne se figurait pas tout de même d'une telle intimité.

La puissance de l'initiation à l'amour est tout au bénéfice de l'initiateur intelligent et délicat, qui a su triompher de toutes les susceptibilités en les apaisant ; qui a transformé la fille en femme dans une suite d'enchantements ne lui ayant pas laissé la possibilité de se reconnaître ; qui — en un mot — a traité sa tendre épouse avec cette déférence, ce respect qui prouve qu'on la considère comme une créature humaine, et qui n'exclut nullement les ardeurs de la passion.

Sera bien avisé, l'homme qui ne consommera le mariage

qu'après avoir sollicité et obtenu le consentement exprimé ou tacite de l'être qui se confie à lui.

L'initiation ainsi comprise a une telle force que, pour peu que la femme aime son initiateur, elle l'attache à jamais à lui. Elle agit aussi sur celle qui s'est mariée sans éprouver aucun sentiment marqué pour son époux, mais qui lui sera reconnaissante d'avoir tenu compte de sa dignité.

Un point qui importe, c'est d'éviter avec soin toute brusquerie qui pourrait laisser un souvenir répulsif ineffaçable de cette première nuit, dont toutes les particularités déplaisantes, agréables, insignifiantes aussi, produisent une impression profonde et durable sur une jeune imagination.

Il serait préférable, le cas échéant, plutôt que d'user de violence avec une femme craintive et éplorée, d'ajourner la prise de possession à la nuit suivante et même au delà, s'il était nécessaire. L'épouse ainsi traitée, loin de railler son mari, lui saura un gré infini de sa générosité et l'en récompensera par un redoublement d'estime et de tendresse.

Un usage, au moins singulier, veut que ce soit à la femme qu'il soit fait des recommandations au moment où elle va passer dans les bras d'un époux. Le bon sens indique que cette leçon ferait bien plus besoin au jeune marié qui, n'ayant connu que les amours légères, n'a pas toujours le sentiment des égards et des ménagements dus à la créature confiante et ingénue dont il devient le guide et non le maître.

Qu'il écoute Michelet le conseillant en ces termes :

« Jeune homme, au mariage ton bonheur est immense mais combien sérieux ! Respecte-le. Ouvre ton cœur à la gravité sainte de l'adoption que tu vas faire, à l'infinie tendresse que réclame de toi celle qui vient à toi, toute seule et dans une confiance infinie. Elle a ce bonheur de penser qu'elle est désormais dans ta main. Y sera-t-elle bien ou mal ? Et comment la traiteras-tu ? Cela te regarde, non elle... Je te fais et constitue son protecteur contre toi-même. Oui, contre toi, car, à cette heure, tu es l'ennemi ! »

Qu'il prenne en considération aussi cette page éloquente du docteur Seraine : « La consommation du mariage faite dans les premiers instants de la réunion des époux avec une impétuosité brutale, par un homme que, pour ainsi dire, elle ne connaît pas, sur une jeune fille pure et innocente, est un véritable *viol légal*. Aussi arrive-t-il souvent que la jeune épouse puise dans une pareille façon d'agir (que sa pudeur repousse et qu'elle ne subit qu'avec effroi et dégoût), l'aversion plutôt que l'amour de son mari ; elle sent que pour la traiter ainsi il faut un manque profond de délicatesse et de noblesse d'âme, et éprouve dès ce moment de l'éloignement pour celui qu'elle devrait aimer. »

Après la leçon du philosophe et du médecin, voici celle du moraliste ; elle est d'Alexandre Dumas fils : « Une jeune fille de bonne maison, innocente et sentimentale comme il convient à une jeune fille chrétiennement élevée, s'est mariée par amour, si le mot « amour » peut s'appliquer au sentiment mêlé de sympathie, de curiosité, d'idéal et d'instincts charnels qui poussent une jeune fille de dix-huit ans vers un beau jeune homme, robuste, sain, que la continence momentanée a rendu éloquent ; on signe le contrat, on va à la mairie, à l'église ; on pleure, on s'embrasse et on livre cette jeune fille ignorante à un jeune homme impatient.

« Au lieu d'initier l'épouse progressivement à ces mystères moitié célestes, moitié grossiers que le dieu Hymen impose aux néophytes avant de leur permettre l'entrée du sanctuaire, le jeune homme ne voit qu'une chose, c'est qu'il a en son pouvoir ce qu'il n'a jamais eu jusqu'alors, une vierge, c'est-à-dire un être clos qui contient des trésors inconnus et qu'il a le droit d'ouvrir et d'explorer. Le jeune homme éloquent, bien élevé, tendre, se transforme tout à coup. Là où la jeune fille rêvait un dieu rayonnant, elle voit sauter sur l'autel une sorte de bête velue et trépidante, balbutiant des sons rauques, affamé de sa chair, altéré de son sang. Ce n'est plus l'amour, c'est le viol légal et consacré, mais c'est le viol, aussi repoussant dans sa forme que celui que la loi condamne, pour cette victime que rien n'a préparée à cette révolution des plus saintes pudeurs. »

Ernest Legouvé se demande : « Est-ce ainsi que dans le monde s'approchera de la jeune femme l'homme qui tentera de lui plaire? Est-ce sous cette forme qu'il lui représentera l'amour ? Il en est à qui cette sauvage prise de possession a inspiré une telle horreur qu'elles en sont restées frappées d'incurables souffrances, et que ce souvenir seul éloigne de leur mari. »

Un romancier — les travaux des psychologues ne sont pas à dédaigner ici — M. Jules Case, s'est emparé de cette situation et en a fait le point de départ d'un livre : *Un jeune ménage*, où il présente deux êtres attirés l'un vers l'autre par l'amour et qui se trouvent à jamais séparés dès le premier instant d'amour. Pourquoi ? La réponse est dans la plainte, au lendemain de la première nuit, de l'épousée déplorant l'égoïsme de son mari :

« Qu'aimais-tu ? Moi, qui devais te récompenser de ta passion ? ou toi, toi seul, qui ne cherchais qu'un plaisir grossier et odieux ?... J'ai été pour toi l'os, l'os quelconque, qu'une autre, n'importe qui eût été...J'ai senti cela et j'ai eu horreur... Certes, tu as rugi des mots d'amour ; ils restaient dans mes oreilles sans descendre dans mon cœur... Ce n'était plus ta femme que tu tenais dans tes bras, et d'où mon moi, le moi qui t'aime s'était enfui... Que cherchais-tu, insensé, puisque je n'étais plus là ?... Tu étais seul... tu m'as chassée de notre nuit de noces !... »

La suite du roman — dont les situations sont, non inventées, mais prises dans la poignante réalité — montre, après ce mauvais départ, les deux époux restés étrangers l'un à l'autre, tirant chacun de son côté et finissant par tomber dans l'adultère.

Il n'a été considéré jusqu'ici que les conséquences morales de la brusquerie apportée par l'époux dans cette nuit où un être humain, son égal devant la nature, s'est confié à sa loyauté. Les conséquences physiques ne sont pas moins à redouter.

« L'histoire naturelle, dit Michelet dans l'*Amour*, apprend que *le mâle est très sauvage*, mot confirmé par la médecine et la chirurgie que l'on consulte trop souvent pour les suites et qui, dans leur froideur, sont indignées pourtant de la fureur impie qui peut souiller une heure si sainte. »

Sur ce point les médecins sont tous d'accord, et les citations ne présentent que l'embarras du choix. C'est à la lueur sinistre que projettent les écrits des spécialistes qu'il faut regarder ces lunes de miel si chaleureusement chantées, une fois levé un coin du voile qui dérobe au profane ces délices mystérieuses, où l'absinthe amère se substitue traîtreusement au miel savoureux.

. Voici d'abord la déclaration du docteur Marc Colombat : « Les premières approches exigent des soins et des précautions dont l'oubli peut avoir les résultats les plus funestes, lorsque la consommation du mariage éprouve trop de résistance. L'époux ferme, plein de vigueur, mais parfois sans expérience, doit chercher à triompher des obstacles que rencontre un premier rapprochement, avec beaucoup de ménagement et de circonspection. En présence d'une trop grande résistance, loin de faire des efforts violents et furieux qui peuvent compromettre la vie de la femme, il faut soupçonner une conformation anormale des organes et demander des secours à la chirurgie [1]. »

Dans l'édition française du *Traité des maladies des femmes* du docteur R. Barnes, de Londres, on lit les passages suivants :

« Les cas de douleurs vulvaires ou vaginales pendant les rapports sexuels sont assez fréquents dans les premiers jours de la vie conjugale ; les douleurs peuvent, bien souvent, être rapportées à la manière dont ces rapproche-

---

1. Voir au chapitre x, les vices de conformation de la vulve et du vagin

ments sont pratiqués. Une copulation incomplète, mala-
droitement exécutée, amène une irritabilité nerveuse
chronique qui rend ces approches insupportables. *C'est
une cause fréquente de malheurs entre époux.* »

. . . . . . . . . . . . . . . . . . . .

« Le vaginisme le plus sérieux est celui qui se produit
quand la circonférence de la vulve est atteinte de cette
forme d'inflammation que produisent des tentatives violentes et maladroites de copulation. »

. . . . . . . . . . . . . . . . . . .

« Quand le vaginisme s'établit au commencement de la
vie conjugale, la douleur est si aiguë qu'un rapprochement
complet est presque impossible. Le temps ne fait qu'aggra-
ver l'état de la patiente si elle continue à se prêter à des
tentatives de copulation. Sa santé s'affaiblit par suite de
l'épuisement nerveux causé par une souffrance répétée, et
par ce qu'on peut appeler *le désappointement de la nature.*

« Dans quelques cas, l'irritabilité des centres est si
grande, la sensibilité vulvaire si aiguë que les tentatives
amènent des convulsions ou produisent des syncopes. »

Un des symptômes de l'inflammation du vagin, ou
*vaginite,* est le spasme, la contraction de cet organe, qui
réduit son diamètre de manière à ce qu'il ne soit plus que
de quelques millimètres. Ce phénomène qui, chez certains
sujets, présente des intermittences, peut se rencontrer chez
des femmes d'une excessive impressionnabilité, encore
qu'elles ne soient pas atteintes de vaginisme.

« Sans cause apparente, dit le docteur Seraine, et malgré des dimensions convenables, la vulve et le vagin ne
peuvent subir le moindre contact, le moindre éréthisme,

sans qu'aussitôt des douleurs atroces n'arrachent des cris à la femme. Quoique le sentiment du devoir et la crainte de perdre l'affection de son mari la dominent, elle s'éloigne d'abord du coït autant que lui permettent les circonstances ; puis, enfin, il devient si irritant, si agaçant qu'elle le rejette avec une sorte d'effroi. Refus terrible, qui presque toujours entraîne après lui les événements les plus funestes à l'union conjugale. »

La recommandation d'user de ménagements est d'autant plus instante qu'il y a disproportion dans l'âge et le développements physique des époux, par exemple entre un homme d'une quarantaine d'années, dans toute la force de l'âge, et une frêle jeune fille de dix-sept ou dix-huit ans. Dans ces conditions, il est inévitable qu'une ntroduction brutale de la verge ne provoque pas des déchirures et même de graves hémorragies, pouvant devenir mortelles selon l'importance de la lésion.

Sous le titre prometteur : *Un lendemain de noces*, on pouvait lire dans le *Petit Journal* du 2 août 1888 :

« Il n'y avait pas certes, samedi dernier, de famille plus heureuse que celle des H..., de braves ouvriers du dou zième arrondissement, qui avaient la joie de marier leur fille Louise, une charmante brune de dix-huit ans, avec Joseph R..., un Italien de vingt-huit ans.

« Les deux jeunes gens s'adoraient, aussi la joie régnait-elle le soir, dans le salon du restaurant où les invités étaient réunis.

« On mangea et l'on but de bon cœur, puis, après le repas, les danses commencèrent et c'est à quatre heures du matin seulement que les nouveaux époux quittèrent leurs parents et leurs amis et se rendirent rue de Wattignies où ils allaient demeurer.

« Vers sept heures du matin, Joseph R..., qui dormait profondément, est soudain réveillé par des coups violents frappés à sa porte. Il se frotte les yeux et s'aperçoit que sa femme n'est plus à ses côtés.

« En proie à une violente inquiétude, il ouvre et manque de tomber à la renverse devant le lugubre tableau qui s'offre à lui.

« Plusieurs voisins sont là, portant dans leurs bras l'infortunée Louise inanimée, les bras cassés, le visage déjà pâli par les affres de la mort.

« Un peu avant sept heures, une voisine, Mme F..., en descendant de chez elle, avait vu par la fenêtre un corps tournoyer dans l'espace ; c'était Louise R..., qui, d'une fenêtre du deuxième étage, s'était précipitée dans la cour.

« Que s'était-il passé ? Quel incroyable accès de folie s'était emparé subitement de l'esprit de la jeune femme ? On ne le saura jamais, car, à midi, l'infortunée rendait le dernier soupir sans avoir repris connaissance. »

Les questions posées à la fin de ce fait divers lamentable peuvent sembler insolubles à un reporter, elles ne sont pas pour arrêter un médecin aliéniste qui, sans hésitation aucune, rapportera ce cas à la *folie post-nuptiale*, manie qui se déclare dès la première nuit de noces, et dont la caractéristique est l'aversion invincible que l'un des époux ressent soudainement pour l'autre. Chez l'homme, elle est fort rare. Plus fréquente chez la femme, et surtout beaucoup plus grave, elle peut aller jusqu'à l'aliénation mentale incurable, et voire, conduire au suicide.

Et pour peu qu'on y réfléchisse, faut-il s'étonner qu'un coup de folie subit frappe la vierge timide qui, sous l'empire d'une extrême pudeur, est prise d'une irritabilité nerveuse telle, que le premier contact provoque une constriction rebelle du vagin ; on s'empare de la jeune fille aimante dont un vice de conformation des organes génitaux — circonstance qui se rencontre beaucoup plus fréquemment qu'on ne le suppose — rend tout rapprochement sexuel impossible ou très pénible.

Mais, par-dessus tout, c'est quand elle est la victime d'un de ces hommes impatients, maladroits et brutaux dont parle le docteur Barnes, que la nouvelle mariée est en danger d'être atteinte d'un désespoir immense, d'un délire mortel, à la pensée qu'il lui faudra toute sa vie — car elle se figure qu'il en sera toujours ainsi — et par devoir, subir la flétrissure d'un acte douloureux et répugnant quand il est accompli dans ces conditions bestiales.

Une question qui se rapporte aussi à la première nuit de noces, est celle de la valeur de la membrane *hymen* comme indice de virginité. On sait que la présence de cette membrane, prolongement de la muqueuse en forme de demi-segment qui rétrécit l'entrée du vagin, est considérée comme une preuve de sagesse, tandis que son absence est une présomption de défloraison.

L'homme se croit tout permis avant le mariage — et aussi après — mais il entend, même quand il se marie sans amour, par vanité pure, avoir les prémices de la femme qui porte son nom. La chasteté est, parmi les grâces féminines, une des plus attachantes et, encore qu'il ne la pratique guère, il est naturel que l'homme la recherche et l'es time chez sa compagne aussi bien dans le passé que pour l'avenir. Le moindre soupçon sur la conduite de la femme antérieurement au mariage, peut devenir une source de dissentiments continuels et le point de départ d'une séparation définitive. Il pourrait paraître désirable à d'aucuns qu'il existât un moyen infaillible de constater la virginité physique — l'homme se préoccupe peu de la virginité de l'esprit — de la nouvelle épouse, mais il n'existe rien de semblable, et il n'y aurait pas lieu de s'y arrêter sans le préjugé absurde qui veut que la déchirure de la membrane hymen par la poussée de la verge soit accompagnée de souffrance et d'une effusion de sang plus ou moins abondante.

En réalité, une femme au vagin étroit et à la chair ferme fournira des preuves sanglantes de virginité avec un homme doué d'un membre viril volumineux ; — tandis qu'une verge grêle pourra traverser sans causer ni douleur ni rupture un hymen amolli par des règles très fluentes ou des pertes blanches.

Au surplus, cette membrane, de même que l'œil, le pied, la main, présente autant de variétés que de sujets. En général, cet organe offre l'aspect d'un croissant dont la concavité est à la partie supérieure, et est percé d'une ouverture ayant un diamètre de dix à quinze millimètres, c'est-à-dire qu'on y pourrait à peine insérer le bout du petit doigt. Chez certaines femmes il est annulaire, avec une ouverture centrale. On en rencontre qui sont pourvus de deux ou trois petits orifices et même d'un plus grand nombre, figurant une sorte d'écumoire.

L'hymen a exceptionnellement le bord libre, comme

frangé, déchiqueté, ce qui pourrait faire croire qu'il a subi une déchirure. Parfois il ne présente qu'une étroite fente verticale, ou oblitère complètement l'entrée du vagin. Dans ce dernier cas, il s'oppose à l'écoulement des règles, qu'on ne peut obtenir que par une intervention chirurgicale. Enfin, l'hymen peut faire absolument défaut, ou avoir été rompu pendant l'enfance à la suite d'un exercice violent ou d'une chute les jambes écartées.

Au milieu de pareilles complications, il est bien difficile de se montrer affirmatif sur la virginité d'une femme, même pour des médecins ; d'autant plus que si la rupture de l'hymen reconnaît d'autres causes que l'union sexuelle, en revanche, celle-ci peut parfaitement avoir été pratiquée durant un certain temps sans qu'un déchirement s'en soit suivi. Les cas de femmes fécondées tout en conservant leur « pucelage » apparent ne sont pas des plus rares. Ils se produisent quand un hymen à tissu relâché laisse une verge mince passer par une ouverture distendue ; ou, au contraire, lorsqu'il est trop robuste et que des efforts répétés l'ont refoulé graduellement sans parvenir à le rompre. Il est superflu d'ajouter que l'accouchement a raison de cette résistance opiniâtre.

La conclusion, au sujet de la membrane hymen, se rencontre dans ce conseil judicieux donné à un jeune mari par le docteur P. Marrin :

« De deux choses l'une : votre femme est vertueuse ou elle ne l'est pas. Dans ce dernier cas, croit-on qu'elle manquera d'artifice pour faire croire à une virginité depuis longtemps perdue ? L'écoulement du sang ? Quoi de plus simple que de choisir pour jour du mariage celui où les

règles vont s'arrêter et coulent encore un peu, ou d'intro-
duire à l'endroit voulu quelques gouttes du sang d'un animal quelconque ? La douleur causée par la rupture ?
Quoi de plus facile que de la simuler par une pantomime
dont le plus malin ne pourrait discerner la mauvaise foi ?
L'étroitesse des parties ? N'est-ce pas pour l'obtenir
qu'ont été inventées les eaux de toilette dont chaque par-
fumeur et pharmacien a imaginé une nouvelle recette ? A
tout cela, je vous le dis en vérité et familièrement, vous ne
verrez que du feu !

« Par contre, votre femme, justement parce qu'elle est
vertueuse, n'a pris aucune de ces précautions, mais la
nature l'a conformée de telle sorte qu'elle ne présentera
ni douleur ni écoulement sanguin, et, si vous n'êtes prévenu de cette possibilité, vous lui en voudrez, vous en
voudrez à ses parents d'une inconduite inventée par votre
imagination. »

# CHAPITRE VII

Du rôle hygiénique de l'union sexuelle. — Conditions dans lesquelles elle doit s'effectuer. — Conséquences physiques et morales
de l'union sexuelle imparfaite. — Fraudes conjugales et troubles
qui en découlent.

La nuit de noces, ainsi qu'il résulte du chapitre précédent, peut être considérée comme la pierre de touche du
mari ; si celui-ci sort victorieux de cette première épreuve,
si — comme ce devrait être la règle générale — cette nuit
s'est passée dans de bonnes conditions, la partie, encore
que s'annonçant bien pour l'époux, n'est pas encore définitivement gagnée, chaque nouveau rapprochement peut
en assurer ou en compromettre le gain, selon qu'il sera ou
non effectué normalement.

Quant au mari qui, au cours de la première nuit, aura
marqué trop de vivacité, mais sans qu'elle entraîne chez
l'épouse d'autre conséquence qu'un peu de froissement
moral, une désillusion plus ou moins grande, il parviendra
à se faire pardonner l'impatience dont il n'a pu se dé-
fendre en cette occasion, et à effacer petit à petit le souvenir de sa brusque prise de possession en revenant au plus
vite à une manière de procéder plus en rapport avec la

dignité de sa compagne et la tendance féminine à la douceur et à la tendresse.

Quelles qu'aient été les circonstances de la nuit de
noces, le mari doit bien se persuader que la durée et la
solidité des liens conjugaux dépendent absolument du
degré de perfection qu'atteint l'union sexuelle où — nous
le répétons encore une fois, car c'est là comme le *leitmotiv*
de ce livre — la femme doit avoir une part de satisfaction
égale à celle de l'homme. Ainsi le commande la justice, et
ses prescriptions ne sont jamais transgressées en vain ;
c'est ce qu'un moment d'examen va établir de la façon la
plus positive.

Dans une étude sur le *Nervosisme*, le docteur Borel pose
ce principe :

« L'homme pour être heureux sur la terre et se conserver en santé, a besoin du développement normal et de
l'activité régulière de ses diverses fonctions. »

L'exercice de la fonction génératrice ne fait évidemment
pas exception à cette règle ; il contribue à rendre l'homme
et la femme heureux et à les maintenir en bonne santé.
Quand cet exercice a lieu avec régularité et modération —
ainsi qu'il arrive communément dans le mariage — il
laisse après lui ce sentiment de bien-être qui accompagne
constamment la satisfaction légitime de tout besoin fonctionnel. Il concourt d'ailleurs à assurer le jeu des autres
fonctions ; il rend le cerveau plus libre et l'esprit plus
ouvert, il prédispose à l'expansion et entretient la gatté ;
en un mot, l'être lui doit de devenir meilleur.

Par contre, les êtres qui, volontairement ou non,
n'obéissent pas aux injonctions de la fonction générative,

se distinguent par un caractère inégal, chagrin, envieux. Sans compter qu'ils sont exposés à presque autant de maux que ceux qui se laissent entraîner sans modération par leur ardeur.

Pour que l'union sexuelle produise les effets salutaires qui viennent d'être énumérés, il est indispensable qu'elle soit accomplie d'une manière normale et complète. Mais il s'en faut de beaucoup, par suite de l'égoïsme et de l'ignorance de l'homme, que les choses se passent toujours ainsi du côté de la femme, laquelle est menacée de troubles physiques et moraux d'autant plus graves que moindre sera sa participation à cette union. C'est que l'action bienfaisante de l'acte génital réside dans les sensations voluptueuses dont il est accompagné. Or, à moins de défaut de constitution, l'homme les ressent chaque fois qu'il se livre à cet acte ; tandis que la femme la mieux conformée peut ne trouver aucun plaisir, et même éprouver de l'ennui, de la contrariété dans l'instant où, au jeu de l'amour, exulte son partenaire.

Pourtant la femme — le lecteur a pu s'en rendre compte à la lecture du *Chapitre IV* — est supérieurement constituée en vue de ces sensations voluptueuses qu'elle éprouve peut-être avec moins de vivacité que l'homme, mais que, étant donné son appareil génital beaucoup plus étendu, elle savoure pendant toute la durée de la copulation.

D'autre part, la femme peut concevoir sans plaisir, même quand elle est victime d'un viol, ou en état d'ivresse, c'est-à-dire indépendamment du concours de sa volonté, ou sans avoir conscience de l'acte qui la rend mère.

Si donc, la nature, qui ne fait rien sans motif, a doué la

femme d'un ensemble complexe d'organes d'une grande impressionnabilité propres à éprouver et à transmettre au cerveau des sensations voluptueuses multipliées, alors que ces sensations-là ne sont pas obligatoires pour qu'il y ait conception, c'est qu'elle se propose un autre but, celui d'attacher la femme à l'homme par l'émotion délicieuse qui s'empare d'elle durant l'union sexuelle et dont elle rapporte le bénéfice à celui qui la lui fait éprouver. Dès lors, suivant que cette union aura pour résultat la satisfaction des besoins physiologiques de l'homme et de la femme, ou la seule satisfaction de l'homme, alors que la femme reste passive, la bonne harmonie conjugale sera maintenue ou troublée.

Dans les conditions les plus favorables, le spasme final, la crise qui couronne l'union sexuelle se produit simultanément, ou à très peu près dans le même temps chez les deux êtres embrassés. Ce *terminus* est le seul juste, partant le seul moral ; c'est en vue de sa production que la nature a déployé ses ressources les plus variées. Il a pour conséquence infaillible le resserrement du lien qui unit les deux époux, et l'accroissement de l'affection, de la confiance et de l'estime qu'ils ressentent mutuellement. Dans l'instant suprême, les jouissances de l'homme semblent s'augmenter de celles que témoigne la femme. Loin d'être diminué par la possession, l'amour dans lequel l'ivresse saisit les deux êtres dans le même moment et les confond dans le même spasme, s'accroît en raison des joies éprouvées l'un par l'autre.

Par malheur, cette conclusion, qui devrait être la règle, n'est qu'une exception, et même elle est complètement inconnue dans nombre de ménages.

Un cas qui se présente très rarement, et qu'il faut signaler presque pour mémoire, est celui où la fonction de la femme est terminée un peu avant que l'émission du liquide fécondant ait eu lieu. Cette terminaison, sans avoir la valeur de la précédente, est encore très satisfaisante puisqu'elle répond aux indications de la nature en contentant aussi les deux époux.

Toutefois, il y a des auteurs qui sont d'avis que la conception ne saurait se produire quand le spasme de la femme est terminé avant l'éjaculation. Ils prétendent qu'alors, l'état d'inertie dans lequel rentrent les organes met obstacle à l'introduction des spermatozoïdes dans le col de la matrice. On comprend qu'il soit difficile de se ranger à l'affirmative ou à la négative dans une question de ce genre, dont l'objet ne peut être soumis au contrôle d'expériences directes. En attendant, les hommes toujours à la recherche de plaisirs stériles feront bien de ne pas accorder à cette théorie une confiance trop absolue.

A en croire les doléances des maris, dont se sont fait l'écho des ouvrages spéciaux, rédigés par des médecins qui en furent confidents, la plupart des femmes subissent l'acte génital sans y prendre part, indifféremment, sinon avec répugnance. Pourtant, aucune femme en bonne santé n'est dépourvue de la faculté de pouvoir éprouver des transports génésiques. S'il y en a qui restent passives, la faute en est à ces mêmes maris qui se plaignent si fort et qui n'ont pas su provoquer ces transports. Ils sont bien venus à s'en prendre de leur maladresse à la femme aimante et docile qui n'en peut mais !

Tel un mauvais musicien déclare pitoyable un bon ins-

7

trument dont, dans son inexpérience, il n'a pu tirer un accord convenable. D'où cette mordante boutade d'Édouard Pailleron, si souvent citée, et toujours de circonstance :

> Etre indéfinissable et toujours défini,
> La femme est l'instrument ou qui chante ou qui beugle,
> Dont le mari joue en aveugle
> Et l'amant en Paganini.

Cette passivité de la femme dans l'union sexuelle, si fatale au bonheur des ménages, résulte, somme toute, de ce que parfois pour une cause morale, mais le plus souvent par la faute de l'homme, l'érection du clitoris, qui seule a le pouvoir de provoquer l'orgasme de l'appareil génital féminin, ne se produit pas. Cela tient à ce que, par suite de la situation relative (voir *Chapitre IV*) du clitoris et du vagin, celui-ci s'ouvrant au-dessous et en arrière du premier, à une distance très appréciable (un travers de doigt), les approches de l'homme n'ont pas pour résultat de provoquer directement cette érection, laquelle n'a lieu que sous l'excitation des sensations voluptueuses transmises au cerveau par les doux frottements éprouvés par les nymphes, les bulbes et les parois du vagin. Une fois en état d'érection, le clitoris arrive en contact avec la verge et les frictions qu'il en reçoit déterminent le spasme terminal.

Mais, chez la femme, les impressions vénériennes sont sous la dépendance de la volonté, en ce sens qu'elle ne les perçoit que si elle est consentante. La femme qui éprouve de l'aversion ou seulement de l'indifférence pour l'homme qui la possède, reste volontairement insensible à ses efforts pour la faire vibrer ; elle a pu se laisser prendre, elle ne s'est point donnée. Pour se venger de ce qu'elle considère comme une souillure et un outrage, elle recourt à la force d'inertie, l'arme des opprimés et des êtres maintenus en esclavage.

Et dans ce fait se trouve l'explication de bien des dégénérescences. Les enfants issus d'embrassements contraints et ennuyés ne peuvent avoir la vigueur physique et intellectuelle de ceux qui ont reçu la vie dans la simultanéité du spasme génésique de leurs auteurs.

« Le caractère de beauté ou de laideur des enfants, a remarqué Burdach dans sa *Physiologie*, dépend moins jusqu'à un certain point de la correction ou de l'incorrection des formes des parents, que de l'amour ou de l'aversion qu'ils s'inspirent. De là le proverbe : Les enfants de l'amour sont toujours beaux. »

Un sentiment de pudeur exagérée, insurmontable, aura aussi pour effet de paralyser les sens de la femme en ne lui faisant accepter le contact de l'homme qu'avec répugnance. Cependant, quand elle est renfermée dans certaines limites, la pudeur assure la réalisation des fins que la nature se propose, en contenant l'ardeur de l'homme ; cet obstacle opposé à ses désirs tend à les aviver, tout en permettant à la femme de se monter au même diapason, condition sans laquelle il ne peut y avoir que dissonance possible et non duo concertant.

La pudeur la plus farouche serait bientôt ramenée à des proportions raisonnables, si l'homme apportait plus d'affection, de douceur et de patience dans les préliminaires de l'acte génital. Là-dessus les auteurs spéciaux sont unanimes. L'un dit :

« La femme aimera toujours l'homme qui respecte et
aime ses résistances et sa chasteté. Elle se dégoûtera toujours de l'homme qui tyrannise son instinct et qui brise sa
volonté par la brutalité au lieu de l'endormir par ses
caresses. »

Un autre va plus loin :

« L'homme agit presque toujours en maître ; il provoque l'acte vénérien lorsque ses organes y sont disposés,
et la femme est obligée d'accorder sans que les siens soient
montés au même degré ; il en résulte qu'elle se montre
passive dans l'acte, s'il est de courte durée. »

Un troisième est plus affirmatif encore :

« L'homme est brutal, c'est vrai ; sans s'inquiéter de
l'état physique et moral dans lequel peut se trouver sa
femme, il veut, il exige qu'on lui accorde ce qu'il désire.
Un refus ferait naître sa mauvaise humeur et parfois un
orage. »

Enfin, un dernier fait cette déclaration, qui est à méditer : « Le mari brutal prépare le triomphe de l'amant
délicat. »

Il faut tenir compte, toutefois, des conditions qui nous
sont faites par la civilisation, et dont plusieurs vont à
l'encontre des visées de la nature. C'est ainsi que dans les
contrées sauvages et sous l'influence excitante d'un climat
torride, les sens sont plus prompts à s'émouvoir. Tout y
concourt ; les corps étant privés de vêtements ou n'en
portant un que sommaire, les épidermes entrent en contact sur une grande surface, les bras étreignent les chairs,
les poitrines se touchent, les lèvres se rencontrent ; ensemble de circonstances éminemment propre à porter rapi-

dement l'excitation à son plus haut point. Quant à la pudeur, elle ne peut compter comme obstacle, étant à peu près inconnue des êtres restés à l'état de nature.

Dans les pays froids ou tempérés, et précisément ce sont ceux où la civilisation est le plus avancée, le tableau est tout autre. Les exigences climatériques ont imposé de jour et de nuit l'usage de vêtements plus ou moins hermétiquement clos ; d'autre part, la pudeur, qui est une manifestation du sentiment de la dignité personnelle, s'est développée : il résulte de cela qu'une notable partie des moyens d'action, des ressorts que la nature avait à dessein préparés et multipliés, ne fonctionnent pas, ou, du moins, se trouvent temporairement paralysés. D'où l'obligation d'acclimater la femme au mariage afin que ces ressorts entrent en jeu, résultat qui sera obtenu en suivant les conseils donnés il y a plus de trois siècles par Ambroise Paré, dans ce passage bien connu, ramené ici en français moderne :

« L'homme étant couché avec sa compagne et épouse, la doit mignarder, chatouiller, caresser et émouvoir, s'il trouvait qu'elle fût dure à l'éperon, et le cultivateur n'entrera dans le champ de nature humaine à l'étourdi, sans que premièrement n'ait fait ses approches, qui se feront en la baisant, maniant ses petits mamelons, afin qu'elle soit éprise des désirs du mâle, afin qu'elle prenne volonté et appétit d'habiter et faire une petite créature de Dieu, car aucunes femmes ne sont si promptes à ce jeu que les hommes. »

C'est, en effet, que les sens de la femme sont moins faciles à émouvoir que ceux de l'homme. Et la morale veut qu'il en soit ainsi, pour que la femme ne demeure pas à la merci de toutes les attaques, d'où qu'elles viennent.

Mais, dans ce fait que l'homme est plus prompt à s'enflammer que la femme, l'époux ignorant peut rencontrer un écueil sur lequel risquera fort de se briser le bonheur conjugal. Si, après quelque temps de mariage et alors que la femme commence à s'éveiller aux sensations érotiques, l'homme procède avec elle sans préambule, *ex abrupto*, et avec impétuosité, il s'expose à éteindre ces velléités d'éveil ou, ce qui serait plus désastreux encore, à avoir accompli sa fonction si rapidement que celle de la femme resterait en suspens, incomplétée.

Ce cas où les rapports sexuels sont complets du côté de l'homme, mais où la femme est délaissée au moment où elle commence à éprouver le spasme génésique, lequel reste sans conclusion, est celui qui détermine le plus grand nombre de brouilles conjugales. Dans les relations génitales imparfaites réside pour la femme une source de souffrances morales et physiques ; sans compter qu'elles sont une cause importante de stérilité.

Un éminent spécialiste anglais, le docteur F. Churchill, dans son *Traité des maladies des femmes,* est des plus concluants à cet égard :

« La copulation incomplète, lit-on dans cet ouvrage, peut être considérée comme une cause de maladie. Elle doit forcément amener une perturbation dans tout le système nerveux. J'ai observé des cas d'irritabilité morale qui dégénéraient plus tard en mépris et en aversion réciproque des deux époux.

« Je puis affirmer que, dans plus d'un cas de séparation

pour cause d'incompatibilité de caractères, le point de départ des troubles intérieurs et de la séparation était le fait que nous étudions en ce moment. »

Ce que les hommes appellent avec emphase « le devoir conjugal », ne constitue pas un « devoir » au sens étroit qu'ils lui donnent. C'est plus exactement la satisfaction d'un besoin fonctionnel aussi légitime que la faim ou la soif. De ce qu'il exige le concours de deux êtres, la morale et la plus élémentaire justice exigent qu'il y ait plein gré et contentement des deux parties. Ce n'est pourtant guère ce qui se passe dans la vie courante, à ce que rapporte le docteur Debay dans sa *Physiologie du mariage*, où il est dit que :

« Sur *cent* coïts, particulièrement dans la classe vulgaire, il en est *un* à peine où la femme éprouve le spasme vénérien conjointement avec l'homme. D'abord parce que le spasme arrive plus vite chez l'homme que chez la femme, ensuite, parce qu'en général, l'ardeur, l'égoïsme de celui-ci le poussent à satisfaire un besoin, sans s'inquiéter si la femme éprouve, à ce moment, le même besoin. »

Cela n'empêche pas l'homme de prétendre que la femme est plus insatiable que lui des plaisirs de l'amour ; éprouvant moins de fatigue dans l'acte génital, elle peut en supporter plus facilement la répétition. Double erreur ! Quand la fonction a été accomplie intégralement de part et d'autre, le besoin de s'y livrer à nouveau ne renaît pas plus souvent chez la femme que chez l'homme ; au contraire, car elle n'est pas incitée comme il l'est par la présence du sperme dans les vésicules séminales.

C'est ainsi que cela se passe dans l'immense majorité

des cas, et l'exemple des femmes vénales n'est pas pour infirmer cette règle. Il est clair que si elles peuvent se prêter fréquemment aux rapports sexuels, c'est qu'elles jouent la comédie de l'amour sans prendre leur rôle au sérieux.

S'il se rencontre exceptionnellement des tempéraments inassouvissables, on est certain de se trouver en présence d'états pathologiques spéciaux, hystérie, nymphomanie, etc.

La légende de l'insatiabilité amoureuse de la femme est née des rapports incomplets. Quoi de surprenant à ce qu'une femme, abandonnée au moment où elle commençait à éprouver le spasme génésique, manifeste une impatience bien légitime, ce semble ? Que dirait l'homme si c'était la femme qui se dérobait ainsi au moment où il est le plus monté ?

Dans quelle fureur il entrerait ! Cependant, c'est ce mouvement d'impatience arraché par la déception qui sera pris pour de l'insatiabilité par le brutal et grossier personnage qui aura contenté ses appétits sexuels sans se soucier autrement de sa jeune compagne.

La femme sans cesse excitée et jamais satisfaite, ne tarde pas à tomber dans un état nerveux maladif, plus ou moins accentué. Sans motif apparent, elle passe de la plus extravagante gaîté à une tristesse profonde. En proie au dégoût, tour à tour irritée ou abattue, elle fera supporter à son entourage le poids d'un caractère aigri et inégal. A ce degré de nervosisme, c'est la femme aux migraines, aux vapeurs, la femme qui a ses nerfs, la femme d'humeur incompatible ; en un mot qui le résume tous : c'est la

femme *incomprise* lancée par son mari lui-même sur la
pente rapide qui conduit à l'adultère.

Et cette conclusion est fatale. La physiologie, qui ne
peut s'attarder dans le sentimentalisme, dit sans ambages
ni circonlocutions, par la plume du docteur Bergeret :

« Il y a des maris qui, très prompts dans la satisfaction
de leurs besoins génésiques, ont des femmes dont la sensibilité est lente à s'émouvoir. Il en résulte que celles-ci
éprouvent un désappointement qui les porte à rechercher
des hommes dont le tempérament soit plus en rapport
avec le leur. »

Vif, mais profondément vrai ! Toute la théorie de l'adultère tient dans ces quelques mots. Lorsque la femme se
décide à prendre un amant, c'est toujours dans l'espoir
de rencontrer en lui un homme qui sache mieux la « comprendre » génésiquement, fût-il sot et laid.

Que l'homme ait terminé sa fonction avant la femme ou
qu'il se livre à des fraudes vénériennes, à ce qu'un spiri-
tuel avocat nommait des « réticences conjugales », les conséquences sont les mêmes pour la femme.

L'homme, une fois qu'il eut compris que la nature le
contraignait à la conservation de l'espèce par l'attrait
irrésistible de l'union sexuelle, voulut se soustraire à cette
loi en se procurant des plaisirs stériles. Il s'ingénia de
mille manières à goûter les voluptés de la copulation, sans
courir le risque qu'une fécondation en résultât. Le procédé
le plus usité, celui d'ailleurs qui vient le plus naturellement
à l'esprit, consiste en une retraite prudente dès qu'on
n'est plus maître de s'opposer à la sortie du liquide
fécondant.

Cette terminaison anormale et répugnante de l'acte
vénérien — on ne peut plus l'appeler « génital » en ce cas —
ne donnant aucune satisfaction physiologique à la femme,
est une preuve à ajouter à tant d'autres que l'homme ne
considère point la femme comme un être jouissant de la
personnalité, mais ainsi qu'une chair à plaisir entièrement
à sa discrétion.

Pour répandue que soit cette tricherie — et bien qu'elle
remonte à la plus haute antiquité, puisqu'elle est mention-
née aux premières pages de la Bible juive — il ne faudrait
pas la croire infaillible ; de fait, si on la réitère à un court
intervalle de temps, quelques gouttes de sperme restées
dans le canal de l'urèthre peuvent, dans une nouvelle
approche, être portées sur le col de la matrice et pénétrer
dans l'utérus, déterminant la fécondation redoutée. Mais,
comme cette circonstance est généralement ignorée, elle
est la cause de scènes terribles de la part des maris fraudeurs dans les ménages où elle se produit, lesquels
accusent leurs femmes — bien innocentes pourtant — de
les avoir trompés.

L'homme ne s'en est pas tenu là. Dans l'art de tricher la
nature, il a été poussé, par une lubricité inventive et sans
frein, aux monstruosités les plus révoltantes. Le tableau
de pareilles turpitudes — qui montrerait jusqu'à quel
point incroyable a été poussé le mépris de la femme — n'a
pas sa place ici ; aussi bien, il convient de les laisser ignorer à ceux qui sont assez heureux pour ne pas les connaître.

Les fraudes génésiques, peu connues dans les campagnes, sont pratiquées fréquemment dans les villes, où

elles causent des désordres de tous genres, préjudiciables à l'ensemble de la société, ainsi qu'à la moralité et à la santé des individus.

Le préjudice causé à la société n'est que trop évident, puisque les fraudes génésiques, ayant pour but de stériliser les rapports sexuels, aboutissent à la dépopulation. Il ne faut pas chercher d'autre cause à l'arrêt d'accroissement de la population constaté depuis longtemps en France, pays qui présente cette contradiction qu'il compte proportionnellement le plus de femmes mariées et le moins de naissances.

L'homme est au nombre des victimes — non la plus frappée, malheureusement — de ses propres déportements. Ainsi que la masturbation et toutes les débauches hors nature, les rapports sexuels frauduleux fatiguent plus que les rapports normaux. Ils énervent davantage, n'apportant jamais cette satisfaction qui naît de l'accomplissement régulier d'un besoin fonctionnel. Les relations frauduleuses laissent tristes ceux qui y sont adonnés, elles ne vont pas sans une ombre de remords ; tandis que les rapports loyalement effectués entretiennent la bonne humeur ; les premiers affaiblissent les nerfs, les seconds les détendent. Nonobstant, les fraudeurs multiplient leurs pratiques honteuses, avec d'autant moins de retenue qu'ils les croient stériles. Aussi, sont-ils exposés aux maux nombreux et variés, attendant les imprudents qui font abus des plaisirs vénériens, notamment à l'épuisement prématuré et à l'impuissance.

Dans son *Hygiène de l'amour*, le professeur P. Mantegazza parle ainsi des fraudes génésiques : « Le retrait avant la catastrophe finale nuit également à l'homme et à la femme. Il exige de la part de l'homme de grands efforts d'attention, détourne l'énergie nerveuse des centres naturels. Il en résulte une secousse fatale pour le cerveau et la moelle épinière. A ces moments suprêmes, la pensée, la volonté et l'attention devraient être pleinement inconscientes. Au lieu de cela, ces centres nerveux doivent décomposer leurs forces en un courant centrifuge et centripète. L'usure des forces est alors excessive, et épuise l'organisme. Ce procédé a, avec le temps, des conséquences nuisibles, surtout chez les personnes irritables, de tempérament dit nerveux.

« La femme souffre aussi quand, au moment de l'excitation sexuelle suprême, le col de la matrice n'est pas mouillé par la bienfaisante rosée chaude du liquide fécondant. »

Cette remarque du savant italien s'applique à toutes les précautions — et le nombre en est grand : capotes préservatives, pessaires, etc. — prises par les fraudeurs, précisément pour s'opposer à ce que le col de la matrice éprouve le contact du sperme.

La femme, on le voit, souffre aussi des tricheries conjugales. Voyons, dans son *Histoire de la génération*, quelles raisons Grimaud de Caux en donne :

« Dans l'acte générateur, un ébranlement nerveux se produit, ébranlement cause du spasme qui saisit toujours la femme avec une énergie proportionnée à son tempérament particulier. Il y a appel général de tous les fluides et provocation de tous les systèmes qui concourent à ce grand effort de la nature. Et lorsque tous les ressorts organiques ont été tendus au plus haut degré, on supprime tout à coup l'élément qui devait servir de point d'appui et de résistance. On fait agir tout cet ensemble des forces les plus précieuses dans le vide. C'est un leurre dont la nature doit être mal satisfaite, et la nature souffre rarement qu'on se joue d'elle avec impunité. »

Les fraudes conjugales exposent donc la femme aux mêmes accidents névropathiques dont il a été parlé au sujet des rapports sexuels, où l'homme seul trouve sa satisfaction physiologique. Mais il y a plus : les femmes qui sont en butte à ces manœuvres courent le danger de se voir atteintes d'une foule de maladies des organes génitaux, depuis des inflammations toujours douloureuses des grandes et petites lèvres, du vagin, du col de la matrice jusqu'aux désorganisations les plus graves.

Le docteur Bergeret, qui s'est beaucoup occupé de cette question, dit, dans son ouvrage sur les *Fraudes dans l'accomplissement des fonctions génésiques :* « La majeure partie de ces maladies coïncident avec des pratiques frauduleuses, et peuvent leur être légitimement attribuées.

. . . . . . . . . . . . . . . . . . . . . . .

« Le plus grand nombre des cas de cancers utérins offrent, dans leurs précédents, des fraudes génitales. »

Cette dernière affirmation se rencontre dans nombre d'auteurs.

Quelle effrayante responsabilité encourent les hommes peu dignes de ce nom, dont l'égoïsme fait pareillement bon marché de la santé d'autrui ! Aussi, la plupart se défendent-ils, en niant l'action désorganisatrice de leurs inqualifiables procédés. Le docteur Bergeret les poursuit jusqué dans ce retranchement, qu'ils croient inexpugnable :

« La maladie, réplique-t-il, est quelquefois un assez grand nombre d'années avant d'éclater. Cette longue immunité fait tomber dans une illusion fatale. On se figure que les pratiques frauduleuses sont inoffensives et qu'on peut s'y livrer impunément. Mais avec le temps les organes s'usent, leur vitalité se trouble, leur texture s'altère et le mal éclate au moment où une longue quiétude a habitué les fraudeurs à vivre en sécurité. »

Et ce n'est pas tout encore. Les fraudes vénériennes frappent aussi les enfants qui surviennent par hasard et malgré le mauvais vouloir de l'homme. Les médecins sont unanimes à reconnaître — notamment le docteur Séguin, dans son ouvrage sur le *Traitement moral et hygiénique des idiots*, et le docteur Bouchut dans son *Traité pratique des maladies des nouveau-nés*, — que les petits êtres, nés en dépit des efforts criminels du mari, présentent une débilité de corps, une faiblesse de constitution qui offrent moins de résistance aux causes de destruction dans le bas âge (Bouchut) ; qu'ils n'arrivent pas à atteindre la taille normale ; n'ont pas des facultés intellectuelles bien équilibrées ; sont crétins ou idiots (Séguin) ; un auteur prétend qu'ils sont prédisposés aux diathèses rachitiques et scrofuleuses ; un dernier va jusqu'à prétendre « qu'ils sont peu propres à la reproduction ».

Quant à l'explication de ces faits, elle ne doit pas être cherchée ailleurs que dans ces réflexions, reproduites par le docteur Bergeret dans l'ouvrage cité plus haut :

« Qui sait si ces enfants si souvent si faibles et si chétifs, ne sont pas le fruit de ces actes incomplets et anormaux, où la nature outragée et plus ou moins frustrée semble devenir impuissante à former des êtres parfaits ; et qui sait encore si, momentanément privée de sa force plastique et créatrice, la nature ne pourrait pas créer quelquefois des anomalies ou des monstruosités par défaut ? »

Enfin, ces réticences ne sont pas moins préjudiciables à la morale qu'à la santé des individus. Ici encore c'est sur la femme que l'effet est le plus désastreux. L'homme se livrant sciemment à des pratiques de nature à altérer la santé de sa compagne, et à compromettre la vie des êtres qui résulteraient de ces embrassements impurs, donne sa mesure en tant que moralité. La femme, contrainte à participer à des actes frauduleux hors nature, se sent grandement atteinte dans sa dignité ; ses instincts délicats se révoltent, son âme est déprimée sous l'impression pénible que lui causent les étranges pratiques de celui en qui elle avait mis sa confiance. L'amour est tué par le dégoût et l'adultère est proche.

Il y a des femmes d'une extrême sensibilité, qui meurent de cette profanation de leur corps, de cette chute de leur idéal ; quelques-unes désertent la couche souillée pour se jeter bientôt dans les bras d'un amant supposé exempt de dépravation. Mais la démoralisation accomplit son œuvre sur le plus grand nombre. Et, ici, il faut encore mentionner le docteur Bergeret qui dit avec l'autorité d'un praticien appelé souvent au secours de femmes, victimes de maris trop observateurs des préceptes de Malthus :

« Un des plus graves inconvénients qui résultent, pour la famille, des fraudes conjugales, c'est qu'elles deviennent

pour la femme une école de démoralisation. La plupart
des femmes que j'ai vues tomber dans l'adultère avaient
des maris fraudeurs. Elles étaient primitivement ver-
tueuses. Mais leurs maris ayant eu l'imprudence de leur
enseigner tous les raffinements honteux de la lubricité,
ayant eu la maladresse encore plus grande, après avoir
poussé avec elles ces jouissances jusqu'à la satiété, de
courir les aventures pour varier leurs plaisirs, ces femmes
dont les sens étaient surexcités, dont l'amour-propre était
profondément blessé, finissaient par mettre en pratique à
leur tour avec d'autres hommes les leçons qu'elles avaient
reçues de leurs maris. »

Somme toute, l'homme qui veut goûter les plaisirs de
l'amour sans en accepter les conséquences, non seulement
compromet la santé de sa femme — c'est ce qui le touche
le moins — mais il désaffectionne sa victime et la pousse à
le tromper. Conclusion : le mari fraudeur est dans une certaine mesure — car il ne faut pas un moment d'oubli dans
l'ivresse ou l'emportement des sens, — assuré de ne pas
féconder sa femme ; mais il est fort loin de se voir garanti
qu'elle ne le sera pas par quelqu'un n'ayant aucun motif
de se montrer « prudent », n'encourant aucune responsabilité. La nature sait reprendre ses droits et rendre toutes
les précautions inutiles.

# CHAPITRE VIII

De l'anaphrodisie, ses causes et ses effets. — Impuissance définitive ou temporaire. — Froideur de la femme. — Infidélité. — Infécondation. — Moyens propres à combattre l'anaphrodisie de la femme.

L'*anaphrodisie* est le nom donné à l'absence de désirs amoureux, à l'inappétence pour les plaisirs érotiques, à la froideur de l'homme ou de la femme se rencontrant chez des êtres normalement constitués. Il s'applique aussi à la diminution et à l'abolition complète des facultés génératives, de la sensibilité génitale. Cet état contre nature compromet au plus haut degré le bonheur conjugal, lequel est fondé sur l'accomplissement d'un acte dont ceux qui en sont atteints ne ressentent ni le besoin ni l'envie. La physiologie, appelée à rechercher les causes de l'anaphrodisie, indique aussi les moyens physiques et souvent purement moraux, propres à la combattre efficacement.

La froideur peut découler de causes générales s'appliquant aux deux sexes : l'indifférence, l'aversion, la répulsion, le dégoût éprouvé par l'un des conjoints pour l'autre, quels qu'en soient les motifs déterminants. Ici, la science n'a rien à prétendre ; l'amour ne se commande pas et, s'il est possible d'éveiller des sens dans l'atonie, il ne faut pas se leurrer de l'espoir d'arriver à ce résultat là où l'amour n'existe à aucun degré.

L'absence de désirs génésiques, l'indifférence pour les attraits de la femme se rencontrent chez les hommes d'une continence absolue, le manque d'exercice de la verge entraînant son inertie ; chez ceux qui se livrent aux plaisirs solitaires, la présence des femmes leur faisant ressentir une honte secrète, une sorte d'effroi dont leurs sens éprouvent le contre-coup réfrigérant ; chez ceux qui abusent des boissons fermentées, l'alcool paralysant le cerveau, et par suite les nerfs qui aboutissent aux papilles nerveuses du gland, ainsi que ceux qui commandent aux muscles érecteurs de la verge ; enfin, chez ceux qui s'adonnent à de profondes méditations ou à des travaux intellectuels très absorbants.

Il n'y a pas à désespérer des premiers, dont la glace peut fondre sous une influence féminine se produisant à un moment favorable. Les masturbateurs et les alcooliques devront renoncer absolument à leur vice s'ils veulent renaître à l'amour. Quant aux derniers, ils ne pourront prétendre aux joies conjugales qu'autant qu'ils éviteront les grandes fatigues cérébrales, qui agissent un peu à la manière de l'alcool.

Dans ces différents cas, la guérison dépend uniquement de la force de volonté du sujet atteint ; il serait inutile, pour l'obtenir, de recourir à aucune pratique, ni à aucun spécifique si vanté soit-il.

Chez l'homme, l'anaphrodisie prend encore la forme de l'*impuissance*, caractérisée non plus par l'absence de désirs, mais par l'impossibilité de satisfaire ceux qu'on éprouve, faute de pouvoir entrer en érection.

L'impuissance (astysie) est congénitale quand elle est due à un vice de conformation : absence ou atrophie des testicules, de la verge, etc., et, cela va de soi, incurable [1] Il en est de même de l'impuissance acquise par suite d'un accident ou d'une maladie ayant détruit les organes sécréteurs ou expulseurs du sperme ou les muscles qui les actionnent. Une paralysie des nerfs qui commandent ces muscles aurait encore le même effet.

L'impuissance n'est que temporaire lorsque le sujet qui en est affecté possède l'intégrité de ses organes. Si elle provient de la débilité elle est curable ; avec celle-ci, les forces génitales renaissant avec les forces générales. Mais si l'atonie de la verge résulte de l'âge ou d'excès vénériens, il n'y a remèdes, pratiques secrètes ni appareils mécaniques capables de rétablir la fonction abolie. Les érections fort rares et toujours imparfaites qu'on obtiendrait par des moyens factices seraient d'autant plus épuisantes qu'on s'éloignerait le plus de la nature.

Les préparations aphrodisiaques, outre qu'elles sont souvent inefficaces et n'agissent que sur le porte-monnaie, ont le double inconvénient de provoquer de graves inflammations de la vessie (cystite) et des organes génitaux, et de n'agir qu'à condition de forcer de plus en plus la dose. C'est la mort ou la décrépitude à bref délai.

Le meilleur aphrodisiaque, c'est la jeunesse dans un corps sain ; mais, malheureusement pour les libertins

---

1. L'absence des testicules ou de la verge constitue un cas de nullité du mariage.

épuisés do débauches, celui-là no se trouve pas, même à prix d'or, chez les droguistes.

Les organes usés no se reconstituent pas ; et puis, pourrait-on y parvenir, à quoi bon réchauffer les sens éteints du vieillard, ou galvaniser les impuissants par abus ? La nature les a frappés, elle fait bien ce qu'elle fait.

La société n'a pas besoin qu'ils fassent souche de valétudinaires, d'avortons ou d'idiots.

La loi est muette en ce qui concerne les mariages où les âges sont disproportionnés ; elle les tolère, ou plus exactement les ignore. En l'absence d'une prescription légale, c'est aux parents qu'il incombe de ne jamais enchaîner la jeunesse à la sénilité, la vivacité à la lassitude, la santé à la maladie, la vie à la mort, enfin.

L'imagination joue un très grand rôle dans le fonctionnement de l'appareil génital. La copulation n'est bien accomplie que s'il y a sécurité et si l'esprit, exempt de préoccupations, est appliqué à ce qu'il fait. Fodéré le constate en ces termes :

« Pour être bien exécutés, les rapports sexuels veulent la confiance dans ses forces, la complaisance du côté de la femme, la tranquillité et le secret. Ils sont enrayés, supprimés, ou, du moins, ils se font très mal lorsqu'il y a défiance de ses propres forces, bruit, crainte, jalousie, répugnance par suite de malpropreté ou laideur. »

Cet auteur aurait pu ajouter que ces rapports sont plus longs à mener à bonne fin et aussi plus épuisants avec une femme pour laquelle on n'éprouve aucune affection qu'avec la femme aimée, belle ou non.

Les écarts d'imagination, en paralysant d'une manière

momentanée les nerfs actionnant les muscles moteurs de la verge, peuvent supprimer, même chez l'homme le mieux portant, toute manifestation virile, en rendant l'érection impossible. C'est ainsi que l'homme trop en souci de ne pas réussir sera en danger d'échouer. Une incapacité accidentelle peut frapper aussi celui qui éprouve une grande timidité, une pudeur exagérée, un extrême respect pour la personne aimée ; ou bien qui se trouverait sous le coup d'un sentiment d'insécurité, d'une terreur crédule ; ou enfin, par l'effet de l'excès même de la surexcitation.

Il arrive que l'impuissance temporaire frappe l'homme dès les premiers moments de la vie commune. Chez les jeunes gens portés à trop idéaliser l'amour, l'esprit s'enflamme, les facultés affectives se montent, la tête bout, le cerveau se congestionne... mais les sens ne parlent pas. C'est une autre cause qui paralyse l'homme moins sentimental : l'appréhension de ne pas se trouver à la hauteur de sa tâche, la crainte de s'exposer à des moquéries. L'échec provient de la peur d'un échec.

Montaigne, qu'on ne peut s'empêcher de citer, écrivait dans ses célèbres *Essais :*

« L'âme de l'assaillant, troublée de plusieurs diverses alarmes, se perd ayséement ; et à qui l'imagination a faict une fois souffrir cette honte (et elle ne la faict souffrir qu'aux premières accointances, d'autant qu'elles sont plus ardentes et aspres, et aussi qu'en cette première cognoyssance qu'on donne de soy on craint beaucoup de faillir), ayant mal commencé, il entre en fiebvre et dépit de cet accident, qui lui dure aux occasions suyvantes.

« Les mariez, le temps estant tout leur, ne doivent ni

presser ni taster leur entreprinse, s'ils ne sont presls ; et vault mieux faillir indécemment à estrener la couche nuptiale pleine d'agitation et de fiebvre, attendant une et aultre commodité plus privée et moins alarmée, que de tomber en une perpétuelle misère pour s'estre estonné et désespéré du premier refus.

« Avant la possession prinse, le patient se doibt, à saillies et divers temps, légèrement essayer et offrir sans se piquer et s'opiniastrer à se convaincre définitivement soy-même. »

Les premiers temps du ménage passés, même après bien des années de mariage, l'homme peut toujours tomber dans une impuissance temporaire si une circonstance fortuite quelconque — telle qu'un affaiblissement momentané, un surmenage intellectuel, une vive affliction, etc. — vient apporter un trouble dans sa sensibilité génitale, et lui faire éprouver une crainte sur sa virilité.

Aux siècles passés, d'habiles suborneurs prétendaient posséder le pouvoir de « nouer l'aiguillette », c'est-à-dire de rendre impuissant qui bon leur semblait. Malheur au naïf qui tombait sous leur coupe ; le pauvre diable perdait effectivement sa virilité dès l'instant où l'on savait lui persuader qu'il l'avait perdue. Il ne la recouvrait que lorsque, à beaux deniers comptants, il avait acquis une amulette ayant la propriété — du moins, l'assurait-on — de détourner le maléfice.

Dans tous les cas d'impuissance qui reconnaissent pour cause des désordres de l'imagination, il faut bien se garder de s'obstiner à vaincre quand même ; plus on se dépite et moins les organes obéissent, la contrariété que l'on éprouve ayant pour effet d'enrayer la transmission nerveuse entre le cerveau et les muscles érecteurs. Si humiliant que soit ce parti, le meilleur à prendre est encore d'attendre que l'esprit se calme. Pour retrouver une virilité momentanément rebelle, mais non abolie, il n'y a qu'à s'appliquer fermement à vouloir faire cesser les causes déterminantes pour qu'elles discontinuent d'agir. On peut, cependant, conseiller de profiter des érections naturelles qui pourraient se produire.

Est-il nécessaire de recommander de n'user d'aucun médicament ou préparation secrète, qui ne pourrait qu'augmenter les troubles nerveux ? On a vu pourtant des médecins rendre la confiance à de semblables malades imaginaires en leur proscrivant quelque remède anodin : eau sucrée, aromatisée, pastilles pectorales, etc. ; ou en les soumettant à des passes magnétiques, à des frictions électriques. Ici, le praticien s'adresse à l'imagination pour faire rentrer l'imagination dans l'ordre.

L'anaphrodisie, en somme assez rare chez l'homme et souvent passagère, serait beaucoup plus fréquente chez la femme. Du moins, est-ce l'opinion la plus accréditée, car on la trouve exprimée aussi bien dans les écrits des philosophes et des moralistes que dans ceux des médecins.

C'est Alexandre Dumas fils qui trace ces lign.., à propos de l'abus du tabac : « Dispensatrice d'un autre genre d'ivresse *qu'elle ne partageait que bien rarement*, la femme voyait avec dépit l'homme goûter *tout seul* la jouissance du vin, du tabac, de l'*amour* et souvent cette dernière *à son détriment à elle.* »

Dans les ouvrages destinés « aux gens mariés », quelques

auteurs ne se contentent pas de signaler la prétendue froideur de la femme, ils en tentent l'explication. La faute en
serait à son tempérament plus lymphatique que celui de
l'homme ; à l'absence chez elle des vaisseaux spermatiques, à son caractère mobile et susceptible, etc.

Voilà qui est facile à dire. Il est vrai qu'on rencontre
des femmes chez lesquelles domine la lymphe, ou qui sont
chlorotiques, dont les chairs sont molles et décolorées.
D'autres ont le système pileux indigent, ou sont victimes d'un vice de conformation, tel que l'ampleur des
dimensions du vagin, ou encore l'exiguïté du clitoris,
toutes circonstances peu propres à stimuler les sens. Les
femmes atteintes d'une maladie quelconque des organes
génitaux, frappées d'anémie, ou affligées d'un flux leucorrhéique abondant qui diminue l'excitabilité des papilles nerveuses des nymphes et du vagin, se montrent
aussi plus ou moins indifférentes pour les rapports sexuels,
où elles n'éprouvent que peu ou point de plaisir.

Mais chez la femme saine et bien conformée, n'éprouvant d'ailleurs aucune aversion pour son mari, on peut
affirmer que l'anaphrodisie provient de l'impétuosité que
l'homme met à exiger qu'on accède à ses désirs, et de sa
précipitation à les satisfaire.

En amour, comme il a été dit déjà au *Chapitre VII*,
l'homme agit en égoïste ; dès que ses organes sont disposés, il ne saurait souffrir aucun délai. Il s'inquiète fort peu
alors de l'état physique et moral de la femme au moment
où il la sollicite. Il veut, cela suffit, et elle encourt l'ire de
son seigneur et maître si elle ne lui cède immédiatement.
Le froissement d'amour-propre qui résulte de cette quoti-

dienne prise d'assaut n'est pas pour éveiller les sens de la
femme, que, d'autre part, la courte durée de l'acte achève
de mettre en déroute.

L'homme agit à la manière d'un amphitryon qui, ayant
contraint un visiteur de se mettre à table sans consulter sa
convenance ou son degré d'appétit, dévorerait rapidement le meilleur du repas, puis abandonnerait au plus vite
la salle du festin en emportant les mets que son vis-à-vis,
dont la faim commençait à naître, s'apprêtait à porter à sa
bouche. Si la façon dont il procède en amour indique suffisamment la tendance de l'homme à ne s'occuper que de
lui-même, elle dénote aussi son dédain mal déguisé pour
la femme, qu'il considère comme un être bien inférieur
à lui, et dévolu uniquement à ses plaisirs.

Toute l'antiquité témoigne de son mépris pour la femme,
On le retrouve chez les Hébreux et les autres peuples
orientaux pratiquant la polygamie ; chez les Grecs, dans le
rôle important qu'y jouait la courtisane, tandis que l'hon-
nête femme était reléguée au fond du gynécée ; à Rome,
dans la facilité de la répudiation et l'abus du divorce.

Aucun doute ne peut subsister à l'égard du peu de cas
qu'on faisait de la femme dans les temps anciens, après
l'examen des œuvres d'art dont sont encombrés les mu-
sées secrets d'Italie. Tous ces tableaux, toutes ces sculp-
tures, toutes ces pierres gravées disent hautement les
recherches raffinées de l'homme pour multiplier ses jouissances, tout en cherchant à réduire la femme à un rôle de
plus en plus accessoire. Il poussa même l'orgueil si loin
qu'il voulut éliminer complètement de sa vie l'élément
féminin et qu'il éleva la pédérastie — ou amour socra-
tique — à l'état d'institution et presque de dogme.

De nos jours, une plus large place est faite à la femme;
il y a même des hommes éclairés qui lui en assignent ou
sont sur le point de lui en attribuer une égale à la leur;
mais, à côté de cette élite, le nombre est considérable de
ceux qui n'ont pas pénétré le sens profond de cette définition de l'amour : « un égoïsme à deux », ce qui veut dire
que chacun des deux êtres formant un couple bénéficie
des caresses, des soins et des égards qu'il prodigue à l'autre
toujours disposé à les lui rendre avec usure.

L'égoïsme instinctif rapporte tout à lui, sans s'inquiéter
des froissements qui en résultent pour son entourage.
L'homme intelligent parvient plus sûrement à obtenir la
plus grande somme de bonheur possible en faisant aux
autres ce qu'il voudrait qu'on lui fît. Le premier ne voit
que lui; le second, plus habile, se contemple dans les
autres.

L'anaphrodisie de la femme ayant pour conséquence
forcée l'éloignement du mari, celui-ci n'a-t-il pas tout
intérêt à vaincre cette froideur ?

« Croyez-vous, demande Michelet dans l'Amour, qu'on
accepte la passivité désolante qui, dans l'étreinte elle-
même, fait sentir le froid de la mort; bien plus, la sèche
ironie qui observe et qui critique, qui rit au moment
sacré ?... Solitude des solitudes ! Divorce en pleine union !
De là, l'abandon, les reproches, les brusqueries et tous les
désordres possibles. »

Il ne faut pas s'attendre à ce que la jeune fille, élevée
avec modestie et dans la chasteté, s'éveille dès la première nuit aux sensations voluptueuses; et la manière
sommaire dont procèdent la plupart des hommes est

moins pour produire cet éveil que pour paralyser pendant longtemps les meilleures dispositions. Le plus curieux, c'est que, surpris par une froideur dont il méconnaît la cause, le mari multiplie les rapprochements dans l'espoir d'animer le marbre qu'il tient entre ses bras. Vains efforts, qui n'aboutissent qu'à l'épuiser sans lui ramener l'affection d'une femme désabusée.

Froissé dans son amour-propre, ne comprenant pas que cette frigidité dont il se plaint est son œuvre, l'époux malhabile rejette toute la faute sur sa compagne, qu'il accuse d'indifférence. Bientôt il ne s'en approche plus que par acquit de conscience. De là à tromper cette personne insensible, il n'y a qu'un pas, que la moindre circonstance — la rencontre d'une ancienne maîtresse, par exemple — fera vite franchir. Et le voici maintenant qui s'éloigne de plus en plus de sa femme ; il part à la recherche d'un bonheur qui le fuira tant qu'il ne modifiera pas ses procédés. Dans son égoïsme incurable, il obsédera la maîtresse après la femme légitime, et « volera à d'autres amours » jusqu'à ce qu'il rencontre la femme passionnée — ou qui feindra de l'être — qu'il a rêvée.

De son côté, la femme la plus ingénue n'est pas sans comprendre que les transports de l'amour doivent être partagés ; le moindre effort de réflexion lui fera deviner qu'il y a « autre chose » dans le mariage ; qu'il est impossible que ce spasme de volupté qui secoue l'homme entre ses bras, soit l'apanage exclusif du sexe masculin. Lorsque la femme a fait ce raisonnement, elle est la victime désignée de l'homme à bonnes fortunes. Cet « inconnu » qu'elle pressent, elle ira le demander à un de ces Don Juan qu'elle

devra croire d'autant plus apte à le lui faire connaître
qu'il est plus recherché des dames. Avec cet homme infa
tué de ses succès, elle éprouvera vraisemblablement la
même déception qu'avec son mari. Alors elle changera
d'amant jusqu'à ce qu'elle rencontre — selon l'énergique
expression du docteur Bergeret — « l'homme dont le tempérament sera en accord avec le sien ».

L'humeur volage — la *papillonne* de Charles Fourier —
prend sa source, pour l'homme, dans le fait qu'il se croit
dédaigné par la femme qu'il n'a pas su faire vibrer ; et,
pour la femme « incomprise », dans l'espoir de rencontrer
l'homme « qui la comprendra ». On change avec l'espoir —
presque toujours déçu — de trouver mieux; tandis qu'on
s'en serait tenu à son premier choix si l'on s'y fût trouvé
bien.

Cependant, toutes les femmes dont les époux n'ont pas
su faire parler les sens, ne roulent pas dans l'adultère. Il y
en a qui acceptent les rapports sexuels, encore qu'elles n'y
ressentent aucun plaisir, comme une servitude de leur
sexe à laquelle il faut se résigner. D'autres — en petit
nombre — aiment assez leur mari pour se montrer com-
plaisantes, heureuses d'être la cause directe du bonheur de
ce grand enfant, pour qui elles éprouvent un sentiment
quasi maternel, se disant, non sans une pointe d'envie :
« Cela lui fait tant plaisir [1] ! »

[1] Le célèbre physiologiste italien P. Mantegazza, dit à ce sujet :
« Parmi les femmes, beaucoup d'entre elles trouvent l'embrasse-
ment amoureux très agréable, mais bien inférieur à sa réputation;
plusieurs femmes s'y prêtent plutôt pour s'assurer de la fidélité
de leur mari et pour le rendre heureux que pour satisfaire leurs

La plupart, espérant devenir mères, se soumettent durant quelque temps au rôle « muet » où elles sont confinées ; mais la suprême consolation de se voir revivre dans un enfant ne leur est pas toujours accordée. Le docteur A. Courty, dont la parole fit autorité dans ces matières, dit à ce sujet, dans son *Traité des maladies utérines* :

« Chez la majorité des femmes, le sentiment voluptueux ne s'éveille que peu à peu, comme par l'éducation progressive d'un nouveau sens, et ce n'est aussi qu'un certain temps après le mariage, à une époque qui coïncide souvent avec l'éveil de ce sentiment voluptueux, que se produit la première conception. Ainsi, même chez les femmes fécondes ou aptes à le devenir, l'aptitude à l'imprégnation ne se développe ou ne se réveille qu'après une pratique suffisante de la copulation.

« Aussi, voit-on parfois la *stérilité* coïncider avec l'intégrité apparente et la santé la plus parfaite de l'appareil génital, et ne pouvoir être attribuée qu'à la froideur, au défaut absolu de spasme, du sentiment voluptueux et, probablement, de l'orgasme ou de l'érection féminine qui y correspond, même chez les femmes très désireuses de devenir mères.

« Bien plus, on voit la fécondité naître avec l'éveil du sentiment voluptueux, après un sommeil qui a duré quelquefois plusieurs années, et poursuivre, dès lors, le cours normal de son évolution. »

propres désirs. Il en est même quelques-unes auxquelles la volupté est complètement inconnue. »

(*Physiologie de la femme.*)

Ainsi « l'amour physique, l'amour violent, l'amour impétueux » dont parlait Jules Simon, a pour effet d'empêcher ou de retarder longtemps l'éveil des sens de la femme. L'épouse qui reste inféconde se lasse de ces ardeurs qu'elle ne partage pas et qui restent sans résultat. Une tristesse invincible l'envahit à la pensée que sa vie est manquée, faute de cette maternité, sa destination en ce monde. Donc aucun doute sur les périls de tout genre que la froideur de la femme, quelle qu'en soit la cause, fait courir à la bonne harmonie conjugale.

Au sens de la loi, le mariage est *consommé* dès que l'époux a possédé l'épouse. Il n'en est pas de même pour le physiologiste, qui ne considère la consommation comme effectuée que lorsque la possession a été réciproque. Alors seulement l'union est complète et a des chances de durée. La formule du bonheur conjugal est celle-ci : « Pour que les époux soient heureux, il faut et il suffit qu'ils soient *amants.* » Mais, pour qu'un mari rencontre une amante en sa femme et qu'il soit réellement son amant — la chair de sa chair — il lui faut la volonté et la puissance d'évoquer en elle le sentiment voluptueux, le « nouveau sens » dont parle le docteur Courty, et dont il ne saurait trop tôt commencer l'éducation.

Dans un de ces nombreux ouvrages où il est traité des « mystères de la génération » — souvent écrits avec une légèreté à peine croyable — il est dit :

« Dans le sexe féminin, l'anaphrodisie est si fréquente qu'on peut à peine la regarder comme un état contraire à l'ordre naturel. On ne peut même regarder comme une infirmité ce qui n'est que l'exagération d'un état presque normal, exagération qui ne porte aucun préjudice à la santé et à l'accomplissement de toutes les fonctions physiologiques, puisque la fécondation peut avoir lieu, non seulement sans que la femme ait des désirs, mais encore sans qu'elle éprouve des sensations voluptueuses. »

Il ne faut pas s'étonner, après cette affirmation ignorante, du conseil donné à la femme « de feindre des transports qu'elle n'éprouve pas, pour plaire à son mari et le retenir ». Conseil superflu, si l'anaphrodisie n'entraîne « aucun préjudice ». Et puis, peu facile à mettre en pratique, cette recommandation ! Comment feindre ce dont on n'a aucune idée ? Auprès de qui l'épouse ira-t-elle apprendre à jouer la comédie de l'amour ? A quel sexe appartiendra le professeur ? Poser ces questions, c'est en montrer la vanité.

En résumé, l'auteur précédemment cité a généralisé des cas particuliers. Son argumentation est sans valeur auprès de l'exposé ci-dessus du docteur Courty, résumant des milliers d'observations et de longues années de pratique de la médecine et de professorat à la Faculté de Montpellier, puis à celle de Paris. Pour déclarer que la froideur féminine est un état « presque normal », il faut avoir tenu plus compte des plaintes de maris inhabiles que de la constitution physique de la femme, où tout est prévu et combiné en vue de la production du spasme génésique.

L'anaphrodisie de la femme est, au contraire, en opposition avec l'ordre naturel et doit être combattue comme très nuisible. Ce sentiment, du reste, était celui des païens, et c'est à lui qu'obéissaient Grecs et Romains en multipliant avec profusion sur la voie publique les images

taillées du dieu Priape, de faunes, de satyres, etc., por-
teurs de membres virils en érection et de proportions
exagérées. Les mutilations tant reprochées comme impies
à Alcibiade, dans l'antique Athènes, avaient été exercées
sur des statues de ce type. Toujours pour le même motif,
le *phallus* était porté en procession par les femmes et
adoré à certains jours.

Les temps ont changé et, fort heureusement, les mœurs
avec eux. On est plus délicat aujourd'hui, et il faut tenir
comme beaucoup plus efficace que ces représentations
grossières, la manière de procéder que, paraphrasant les
conseils d'Ambroise Paré, recommande le docteur Debay
dans sa *Physiologie du mariage.*

« Soyez toujours aimables auprès de vos femmes ; pro-
voquez avec douceur et tendresse l'éveil de leurs sens
endormis ; charmez d'abord leurs oreilles par les notes
harmonieuses du langage d'amour ; employez simultanément les excitants de l'âme et du corps, et quand vos
caresses et vos délicieux préludes auront dissipé l'indifférence et allumé leurs désirs, oh ! alors, vous n'aurez plus
à vous plaindre de leur froideur. »

Certes, ces tendres préliminaires ne porteront pas leurs
fruits dès les premiers temps, il faudra une période d'initiation ; mais ils auront du moins ce résultat de ne point
effaroucher la jeune épouse, en attendant que l'effet désiré
se produise, ce qui ne saurait tarder, si l'époux n'a pas été
accepté avec répugnance.

La femme a un sentiment très haut de sa dignité : elle
n'entend pas être traitée à la manière d'une citadelle que
l'on emporte sans coup férir. Elle comprend très bien

qu'en agissant ainsi c'est l'avilir, la ravaler au rôle humiliant de femelle. Elle doit se rendre, mais elle ne veut le faire qu'après une résistance qui lui vaudra les honneurs de la guerre. Ainsi l'exige l'instinct de la pudeur, qu'il est toujours maladroit de froisser. « La pudeur, a dit de Sénancourt, est en la femme, non pour réprimer, mais pour ajouter au plaisir. » Sans cette forme de la coquetterie, l'homme se rebuterait vite de victoires non disputées. Une défense modérée aiguillonne ses désirs et flatte son amour-propre en rehaussant son triomphe. Répétons qu'elle permet aussi à la femme de se mettre au diapason du mari.

De fait, ces baisers, ces caresses, tout ce doux combat, en forme de préface, répondent aussi bien aux aspirations affectives de la femme — plus friande peut-être d'égards que de volupté — qu'à sa nature physiologique. Ils sont la poésie et l'un des grands charmes de l'union sexuelle, à laquelle ils enlèvent son caractère d'animalité.

L'époux aimant et délicat ne commettra jamais la faute de violenter sa femme ; il ne risquera pas de couper les ailes à l'oiseau bleu, de détruire tout idéal en procédant sans aucune préparation. Il aura la volonté — ce dont, d'ailleurs, il sera largement récompensé — de ne tenter l'action décisive qu'après avoir cherché à provoquer les désirs de sa compagne en appelant à son aide, selon la formule topique du docteur Debay, « les excitants de l'âme et du corps ».

En général, par l'intermédiaire des papilles nerveuses dont sont richement pourvus les lèvres et les mamelons, les baisers sur la bouche, la douce friction ou la légère

9

succion du bout des seins ont un retentissement sur les organes génitaux, qui peut aller jusqu'à l'érection du cli-toris. Mais si ces caresses viennent à échouer contre des sens absolument rebelles, tous les médecins — principa-lement quand l'absence de l'orgasme génital de la femme coïncide avec la stérilité — conseillent la stimulation directe du clitoris, dont la titillation, exercée avec déli-catesse et à-propos, est d'un effet presque irrésistible, surtout quand on la combine avec les moyens ordinaires d'excitation.

Au surplus, les observations consignées par le docteur A. Courty, au chapitre *Stérilité* de son ouvrage déjà cité, élucideront plus complètement cette question de l'exci-tation génitale féminine :

« On peut même déterminer parfois les conditions aux-quelles est dû cet éveil (du sentiment voluptueux chez la femme) en analysant les circonstances au milieu desquelles il se produit. Quelques-unes de ces conditions sont-elles purement morales ? Sont-elles le résultat de l'imagination, de la passion pour un nouvel époux ou pour un amant et l'impression qui en retentit sur l'organe utéro-ovarien ? Quelques exemples peuvent le faire supposer. Mais si ces influences morales sont obscures, certaines influences mécaniques ou purement vitales semblent plus évidentes.

« Parmi celles-ci il n'y en a pas de plus avérées que les excitations clitoridiennes ou la pratique du coït dans cer-taines positions, variables d'une femme à l'autre, mais seules capables de donner à certaines la plus grande somme de volupté, ou de faire naître l'orgasme vénérien.

« J'ai reçu, sous ce rapport, de la part de bien des maris,

avides de progénitures, de nombreuses confidences desquelles il résulte que le sentiment voluptueux n'avait
commencé à être perçu par leurs femmes que lorsqu'elles
étaient placées dans une telle position spéciale. »

L'imagination si vive de la femme joue-t-elle ici le
principal rôle en associant les deux faits de la position et
de la perception du sentiment voluptueux ? Est-ce l'attrait — puissant, en effet — de la variété ? Est-ce tout
simplement la conséquence d'une accommodation fonctionnelle plus convenable ? Toujours est-il que lorsqu'on
sera parvenu à provoquer la crise génésique chez une
femme, elle se renouvellera facilement chaque fois que se
reproduiront les circonstances qui l'auront déterminée
une première fois.

Des praticiens recommandent de traiter l'anaphrodisie
de la femme au moyen de l'excitation factice qui résulte-
rait des lectures légères, la fréquentation des réunions,
bals, spectacles. D'autres conseillent l'usage des parfums,
et ne craignent même pas d'ordonner l'emploi de substances emménagogues. A cette excitation ambiante dont
la femme ne fait remonter la cause à personne plus particulièrement, et qui, par conséquent, peut profiter à un
autre qu'au mari, l'excitation directe par ce dernier est
préférable, ce semble, car la femme en fera bénéficier celui
qui la produit. Dans un aphorisme quelque peu vif, mais
qui acquiert une grande importance de ce qu'il émane
d'une femme et, qui plus est, d'une femme d'esprit,
Mme de Staël faisait cette constatation : « Ce n'est pas
toujours celui qui chauffe le four qui enfourne. » La morale et le bon sens veulent que ce soit l'époux qui rem-
plisse les deux offices.

Dans l'organisme humain, la matière et l'esprit sont partout corrélatifs et connexes ; ils se tiennent réciproquement sous une étroite dépendance et sont en perpétuelle réaction l'un sur l'autre. Le traitement de l'anaphrodisie féminine repose sur l'étude de ces réactions, qu'il serait imprudent au mari de mépriser.

D'ailleurs, il n'y a aucun danger à vulgariser ces connaissances, qui ne peuvent être mises à profit par les malintentionnés. En effet, et précisément à cause de l'antagonisme de l'esprit et de la matière, le corps humain ne se comporte pas comme le ferait la cornue du chimiste dans laquelle on peut reproduire à coup sûr une réaction autant de fois qu'on mettra en contact les mêmes substances, en mêmes proportions et dans les mêmes conditions de température et de pression. C'est pour cela que les tentatives d'éveil des sens ne peuvent aboutir à un résultat favorable qu'autant qu'elles proviendront de l'affection patiente et délicate d'une personne aimée. Tout autre ne pourrait entreprendre ces expériences intimes que par surprise et violence ; alors, l'effet produit serait diamétralement opposé à celui qu'on en attendrait.

Dans de telles conditions, toute caresse, tout contact est répugnant, odieux, et rencontrerait constamment des sens d'une frigidité invincible, résultat de la torpeur du cerveau.

Malgré tous ses soins, un époux peut ne pas toujours réussir à faire partager son ardeur à sa compagne. Il y a là une affaire de tempérament, de diminution passagère d'activité d'un organisme soumis à diverses influences. L'essentiel est qu'il y parvienne le plus souvent, et qu'en cas d'insuccès il ne rencontre pas une mauvaise volonté évidente. De par sa constitution et de par l'équité, la femme a droit au spasme vénérien, mais elle ne fera un crime à personne si quelquefois elle se trouve moins bien disposée.

Même alors que, par d'affectueux préliminaires, il aura provoqué un commencement d'orgasme, un mari avisé se gardera bien d'agir avec précipitation. Loin de là, il s'efforcera, tout en suivant le progrès des sensations voluptueuses chez l'épouse, de rester maître d'obtenir le spasme simultané, ce *desideratum* de tous les hommes, ce *summum* des joies génésiques.

Pourtant et nonobstant sa sollicitude, un homme trop ardent peut encore avoir accompli sa fonction le premier. Dans ce cas, il devra, jusqu'à ce que sa femme ait achevé la sienne, résister de toutes ses forces à la prostration qui l'envahit. L'abandonner en égoïste, la laisser sottement sans aide pendant qu'elle est saisie par le spasme génital, c'est commettre une de ces lourdes fautes qui ne se pardonnent guère, et dont un mari intelligent et bien épris ne se rendra jamais coupable [1].

Une autre faute, moins grave celle-là, mais encore bien blessante, est celle qui résulte de la conduite de ces maris dédaigneux et mal appris qui se hâtent de tourner le dos à leur femme dès que leurs désirs sont assouvis, comme s'ils

1. Dans les anciens manuels destinés aux confesseurs, où toutes les questions relatives aux rapports sexuels sont traitées avec un grand luxe de détails, il était indiqué que la femme, quittée trop tôt, ne commet aucun péché en complétant elle-même le spasme vénérien si, ce faisant « elle pense agir dans l'intérêt d'une bonne conception ». Mais depuis les progrès de la physiologie, cette tolérance de l'Eglise catholique n'existe plus.

voulaient accentuer le peu de cas qu'ils font d'elle, une fois qu'ils en ont obtenu satisfaction.

La conclusion de ce chapitre est que l'époux qui saura évoquer le sentiment voluptueux chez sa femme n'aura qu'à se louer d'elle, et ne devra redouter aucune infidélité de sa part tant qu'il possédera ce pouvoir d'évocation. L'homme qui le perdra ou n'aura pas su l'acquérir, sera engagé sur la grande route qui conduit à l'*adultère* et au *divorce*.

Aucune place pour un moyen terme : des rapports sexuels il ne peut résulter que *joie* ou *supplice*, *amour* ou *haine*.

Un exemple journalier, pris entre mille : qu'il survienne un léger désaccord dans un ménage, les plus unis n'en sont point exempts. Madame a été railleuse et Monsieur cassant. La dispute s'allume et devient d'autant plus vive souvent que l'objet en est plus futile. Maintenant on se fait grise mine et la bouderie pourrait s'éterniser, si un traité de paix ne pouvait être signé sur l'oreiller.

Selon la manière dont se comportera le mari, la fâcherie peut avoir deux issues complètement opposées. Si l'époux aime sincèrement, il se montrera aimable, plein de délicatesse, il saura effacer toute trace de dissentiment dans un doux combat dont l'un et l'autre sortiront victorieux.

Si, au contraire, un homme grossier et égoïste exige impérieusement ce qu'il prétend être son « droit », il risque de se voir repoussé inflexiblement ; au cas où on le laisserait faire pour éviter une lutte odieuse, il triompherait sur une créature inerte, vaincue et humiliée. C'est une fêlure au vase d'élection. Encore quelques maladresses de ce genre et il n'en restera que débris.

# CHAPITRE IX

De la maternité. — Théorie de l'ovulation. — La ponte mensuelle. —
Physiologie de la fécondation. — Fécondation artificielle. —
Époque de l'aptitude à la fécondation. — Période stérile. — Hy-
pothèses sur la formation des sexes. — Allaitement maternel.

La maternité est la grande fonction de la femme ; l'organisation féminine tout entière a l'enfant pour but. La
beauté répandue sur les traits de la femme, l'harmonie qui
règne dans les proportions de son corps, la grâce de ses
mouvements, la douceur et le charme de sa voix, sa faiblesse relative même, tout en elle concourt à séduire
l'homme en vue de la fécondation.

L'enfant venu, la mère prendra le pas sur l'épouse ;
c'est pour le petit être qu'elle a mis au monde et qu'elle
alimente de son lait qu'elle réserve ses attentions, ses
caresses et ses sourires. C'est lui que l'on attendait ; c'est
pour lui que la nature a doué la femme d'une grande
mobilité d'esprit, qui lui permet de se plier docilement
aux volontés du petit tyran, de trouver des chants pour
endormir ses douleurs et des expressions propres à apaiser
ses gros chagrins, de se faire aussi enfant que lui pour en
être comprise, de bégayer quand il balbutie, de chanceler
lorsqu'il vacille sur ses petites jambes mal assurées ; de se

mettre à son niveau, enfin, et de se relever à mesure qu'il grandit.

Ce miracle de patience, de souplesse, de douceur et de tendresse inaltérables qu'exigent les soins à donner à la première enfance, la femme, de par sa constitution, l'accomplit chaque jour, non seulement sans répugnance, mais encore avec un plaisir évident. Et ce n'est pas un de ses moindres charmes que l'enjouement et la bonne grâce qu'elle déploie au service du fruit de ses entrailles.

C'est que l'enfant est une partie d'elle-même ; le père, en fait, y est pour bien peu de chose : l'apport de quelques spermatozoïdes. Elle, pendant neuf mois, a fourni la substance de son corps pour que celui du fœtus s'accroisse ; puis, après lui avoir donné le jour au milieu de souffrances terribles, c'est encore à son sein qu'il vient puiser la vie ; c'est encore du sang de la mère qu'il tire son sang, ses muscles, ses os, ses nerfs, tous ses éléments constitutifs.

La femme est belle et désirable à l'âge où elle peut procréer, ses attraits diminuent, il est vrai, à mesure qu'elle approche du moment où elle cessera d'être apte à la fécondation, mais la nature récompense par la santé celle qui accepte la maternité sans faux-fuyants. A moins d'une alimentation insuffisante, la grossesse et l'allaitement fortifient la femme et lui conservent sa fraîcheur.

La maternité est hygiénique, la stérilité volontaire flétrit et dessèche, aussi bien au propre qu'au figuré. De même, le ménage sans enfant est maussade et sans garantie contre la désunion ; tandis que celui où l'enfant babille est assuré à la société Bonheur et Cⁱᵉ.

L'espèce humaine, ainsi qu'il a été dit au *Chapitre III*, se

— reproduit au moyen d'œufs ou *ovules*, contenus dans deux glandes nommées *ovaires*, situées au-dessus de la matrice, et communiquant avec elle par les trompes utérines ou *oviductes*.

En naissant, l'enfant du sexe féminin possède déjà dans ses ovaires minuscules la totalité des œufs qui viendront à maturité à l'âge de la puberté. A partir de l'époque où elle est formée — variable selon les climats, plus tôt dans les pays chauds, plus tard dans les zones tempérées, plus tard encore dans le Nord — la jeune fille subit, à peu près chaque mois, une crise d'une durée plus ou moins longue, selon les tempéraments. A chacune de ces crises une vésicule contenant un œuf se gonfle jusqu'à ce qu'elle éclate et laisse échapper l'ovule, aussitôt saisi par le pavillon de la trompe utérine correspondant à l'ovaire qui a fourni la vésicule. Du pavillon, l'œuf est conduit dans la trompe, d'où, sollicité par les contractions de celle-ci, il gagne lentement la matrice. Ce parcours exige de quatre à cinq jours.

Si l'œuf vient à être fécondé durant le trajet, il se greffe dans la paroi de la matrice et commence à se développer ; dans le cas contraire, l'œuf ne peut prendre racine, il entre en décomposition et ne tarde pas à être expulsé hors de la vulve.

Cette véritable ponte a lieu toutes les quatre semaines avec possibilité d'une avance ou d'un retard de un à trois jours. L'excitation qu'elle produit dans l'ovaire et les trompes utérines détermine une tuméfaction de la muqueuse de la matrice, accompagnée d'un écoulement sanguin, plus ou moins abondant, connu sous le nom de *règles* ou *menstrues*.

Il est digne de remarque que le phénomène de la menstruation ne se rencontre pas chez les animaux, à l'exception des femelles de certains singes anthropomorphes.

Deux, trois ovules, et quelquefois davantage, peuvent
venir à maturité simultanément et se détacher de l'ovaire
dans un temps rapproché. Ce détachement, ou *déhiscence*,
a lieu par le fait de la pression opérée sur le bulbe de
l'ovaire par la vésicule ovarienne en voie de développement. A un moment donné, le bulbe trop pressé réagit ;
une déchirure se produit dans la vésicule, et l'ovule, mis
en liberté, est saisi par le pavillon de la trompe, pour
suivre le *processus* indiqué plus haut.

Le spasme génital, ou simplement des désirs vénériens,
en provoquant la distension du bulbe de l'ovaire, peuvent
rendre sa réaction plus vive et hâter le moment de la
ponte. La frayeur, une chute, un effort, une pression
quelconque sur la région ovarique, déterminent souvent la
même accélération.

La rupture de la vésicule contenant l'œuf mûr ne se
produit pas toujours au même point de l'écoulement
menstruel. Elle a lieu en général à la fin des règles, alors
que l'aptitude à la fécondation est portée à son plus haut
degré ; mais la déhiscence peut se faire pendant toute la
durée du flux sanguin, à un moment variable d'une femme
à l'autre, et probablement pour la même femme, selon les
dispositions où elle se trouve ou les circonstances qu'elle
traverse.

Pour que l'œuf humain soit fécondé, il faut — et il suffit
— qu'il entre en contact avec des spermatozoïdes ou animalcules spermatiques, contenus en grand nombre dans la

liqueur séminale. Au moment de la rencontre, un certain nombre de spermatozoïdes s'accrochent à l'ovule et pénètrent jusqu'à l'intérieur. A partir de cet instant commence une activité nouvelle pour l'œuf, qui ne cessera plus de se développer et de s'accroître, suivant les lois de son évolution.

Une fois les spermatozoïdes introduits dans les organes génitaux de la femme, ce qui s'ensuivra est indépendant de la volonté du couple créateur, cela est subordonné aux conditions favorables ou défavorables dans lesquelles se trouveront les animalcules spermatiques après leur réception dans le vagin. De cet organe, ils peuvent passer dans la matrice, grâce à un mouvement de progression qui leur est propre. Continuant leur ascension, ils parcourent les trompes utérines jusqu'aux deux tiers environ. Là, ils se fixent à la membrane muqueuse et attendent l'ovule au passage pour s'attacher à lui et opérer la fécondation. Selon la force et l'état de santé du sujet qui les a fournis, les spermatozoïdes sont susceptibles de vivre quatre ou cinq jours et plus dans la matrice et les trompes utérines, d'où il suit que la fécondation est possible plusieurs jours après l'union sexuelle dont elle résultera.

Dans les conditions les plus favorables à la fécondation, le sperme est déposé sur le col de la matrice, lequel est percé d'une ouverture étroite, nommée *museau de tanche*, dont les bords ou lèvres éprouvent, au moment de l'orgasme génital, des dilatations spasmodiques qui facilitent l'entrée de la liqueur fécondante à l'intérieur de la matrice. Quand le sperme n'est porté qu'à l'entrée du vagin, la fécondation est plus problématique ; cependant, elle peut se produire, ainsi que le prouvent les grossesses survenues sans qu'il y ait eu rupture de la membrane hymen, ce qui oblige les spermatozoïdes à parcourir toute la longueur du canal vaginal pour revenir en arrière en gravissant le col de la matrice, faisant saillie au fond du vagin, à la façon du renflement qu'on voit à l'intérieur des bouteilles destinées à contenir le vin.

Enfin, la fécondation a pu être obtenue d'une manière artificielle, en injectant par un procédé opératoire spécial — qu'il est inutile de rapporter ici — du sperme à l'intérieur de la matrice de femmes désireuses de devenir mères, mais conformées d'une telle manière que la fécondation directe ne pouvait avoir lieu.

Deux points ont soulevé de longues controverses : celui du moment le plus propre à la fécondation, et celui de l'existence d'une période où la conception ne serait plus possible. Ces questions sont de la plus haute importance pour les époux, qui peuvent trouver dans la solution de la première le moyen d'accélérer l'accroissement de leur famille, et dans l'affirmation de la seconde la possibilité de le modérer sans enfreindre les lois de la nature.

D'autre part, l'existence d'une période stérile serait la condamnation de la théorie qui anathématise tous rapports sexuels n'ayant pas strictement pour objet la fécondation ; tandis qu'elle confirmerait la loi posée au *Chapitre IV*, ainsi formulée : « Par l'attrait puissant qui s'attache à l'union sexuelle, la nature a voulu non seulement assurer directement la conservation de l'espèce, mais aussi entretenir et fortifier l'affection réciproque que se portent les deux êtres formant chaque couple humain. »

Or les partisans de la période stérile l'emportent aujourd'hui par le nombre et la qualité, ainsi que par la valeur des arguments mis en avant.

Voici d'abord comment s'exprime Georges Pouchet, dans sa *Théorie positive de l'ovulation spontanée :*

« La fécondation ne peut s'opérer que lorsque les œufs ont acquis un certain développement et après leur détachement de l'ovaire. Dans l'espèce humaine et chez les mammifères, la fécondation n'a jamais lieu que lorsque l'émission des ovules coïncide avec la présence du fluide séminal. La fécondation offre un rapport constant avec la menstruation ; aussi, sur l'espèce humaine il est facile de préciser rigoureusement l'époque intermenstruelle où la conception est rigoureusement impossible, et celle où elle peut offrir quelque probabilité.

« La conception peut s'opérer du premier au douzième jour qui suivent les règles, mais jamais elle n'a lieu après cette époque. »

Voilà qui est très affirmatif. Le docteur et professeur O. Cadiat, dont les travaux sont plus récents que ceux de l'opiniâtre adversaire de la panspermie, dit avec encore plus d'autorité :

« Depuis le cinquième ou sixième jour après les règles jusqu'au deuxième ou troisième jour avant leur apparition, l'union sexuelle, quoique possible et susceptible d'être effectuée dans les conditions normales, ne saurait amener une fécondation, les spermatozoïdes ne pouvant rencontrer que des ovisacs non ouverts, ou des ovules en voie de désorganisation. »

Le savant physiologiste considère comme anormales ou mal observées des grossesses survenant huit et dix jours après la cessation des règles. Il faudrait savoir si la fécondation ne proviendrait pas plutôt de rapports sexuels ayant eu lieu un jour ou deux avant l'apparition des menstrues, ou le jour même. Dans ces différents cas, elle serait la suite de l'emmagasinement des spermatozoïdes dans les trompes utérines, où, selon leur vitalité, ils peuvent attendre plus ou moins longtemps l'apparition de l'ovule.

Pour qu'il y ait fécondation au delà de cinq ou six jours après la fin du flux menstruel, il faudrait donc qu'elle eût lieu dans la matrice, tandis qu'elle n'est possible que dans les trompes ; — ou encore que l'œuf humain pût se conserver de huit à douze jours, ce que le docteur O. Cadiat et beaucoup d'autres auteurs considèrent comme erroné.

En résumé, la plupart des physiologistes sont tombés d'accord sur les points suivants :

Depuis l'âge de la puberté, la femme est soumise à une ponte périodique ; chaque mois, un œuf arrivé à maturité s'échappe d'un ovaire et, par la trompe utérine correspondante, se rend dans la matrice.

Durant ce trajet, qu'il effectue en quatre ou cinq jours si l'ovule vient au contact de spermatozoïdes, il est fécondé, augmente rapidement de volume et, parvenu dans la matrice, il s'y fixe.

L'ovule non fécondé ne peut se greffer ; il se décompose donc et est expulsé avec les produits de la menstruation.

Le détachement de l'ovule se produit généralement vers la fin de l'écoulement sanguin.

Si l'on rapproche de ces faits la donnée que les animalcules spermatiques peuvent vivre cinq à six jours, et même davantage, dans la matrice et les trompes utérines, on reconnaîtra que la conception est possible à la suite de rapports sexuels ayant eu lieu un ou deux jours avant l'apparition des règles, pendant leur durée, mais surtout dans les cinq ou six jours qui suivent leur cessation. Après, la fécondation devient de plus en plus problématique ; elle est impossible au delà du huitième, peut-être du neuvième ou dixième jour.

C'est ainsi que sur cent cas observés avec autant de soin qu'il est possible d'en apporter en une matière aussi délicate, quarante conceptions se sont produites pendant les deux premiers jours après la cessation des menstrues ; quarante-sept du troisième au sixième jour ; et les treize autres au delà du sixième jour.

Les faits de grossesses multiples (doubles, triples, quadruples) résultent de la fécondation d'ovules provenant d'une même vésicule, tantôt de vésicules différentes, ou encore d'un ovule à plusieurs germes. La fécondation, dans le cas d'ovules distincts, peut résulter de rapprochements sexuels successifs à peu d'intervalle.

Les enfants issus d'une grossesse gémellaire sont le plus souvent du même sexe (65 0 /0) ; mais il se rencontre aussi fille et garçon (35 0 /0) dans une couche double ; deux filles et un garçon ou deux garçons et une fille dans un triple accouchement.

Cette constatation ne laisse pas que de donner une forte entorse aux hypothèses qui ont été faites sur la possibilité d'obtenir à volonté le sexe qu'on désire. En effet, si le sexe de l'enfant dépendait du régime suivi par ses auteurs, ou du moins de la période menstruelle où fut effectuée l'union sexuelle dont il est le résultat, les conceptions multiples comprenant les deux sexes ne pourraient se produire, même en admettant qu'elles proviennent de copulations distinctes.

Toutefois, la bonne entente dans un ménage pouvant être troublée par la venue d'une suite soit de filles, soit de garçons, dont on voudrait interrompre la série, voici les principales observations qui ont été faites au sujet de l'obtention des sexes *ad libitum*. Les intéressés verront le parti qui peut en être tiré.

De Georges Cuvier, en parlant des animaux :

« Veut-on obtenir des *mâles*, il faut accoupler des femelles jeunes avec des mâles dans la vigueur de l'âge et donner une plus forte nourriture à ceux-ci qu'à celles-là.

« Pour obtenir des *femelles*, il faut accoupler des mâles jeunes avec des femelles dans la force de l'âge et donner une nourriture plus abondante à celles-ci qu'à ceux-là. »

Ces indications ont été et sont toujours mises à profit par les éleveurs de chevaux et de bestiaux.

On ne peut conclure des animaux à l'homme. Pourtant, il a été vérifié sur les registres de l'état civil de Londres que les mariages où l'homme est le plus jeune donnent plus de filles, et ceux où il est le plus âgé, davantage de garçons. Ce serait donc le sexe du plus âgé et en même temps, en général, du plus robuste qui l'emporterait ; s'il y a équilibre entre les forces et les âges respectifs, les naissances dans chaque sexe tendent à s'égaliser. Enfin, s'il y a faiblesse et grande jeunesse chez les deux époux, les naissances mâles sont rares.

D'autre part, il semblerait que de la fécondation par des spermatozoïdes provenant d'un sperme ancien, consistant, épais, fortement odorant, sortirait un garçon ; et que si la liqueur fécondante est claire, presque sans odeur ni viscosité, telle qu'elle se rencontre chez l'homme incontinent, trop enclin aux plaisirs vénériens, le produit sera une fille. Du moins, les faits semblent-ils donner raison à cette hypothèse.

Ainsi, après une convalescence ou un voyage, l'être procréé est ordinairement un garçon. La fécondation survenue pendant la nuit de noces, alors qu'on doit supposer que le fiancé est resté sage quelque temps, a très fréquemment un garçon pour résultat. Ultérieurement, il peut ne venir que des filles, cela dépendra de la fréquence des rapports sexuels.

On a constaté qu'une grossesse provenant après une longue menstruation — qui avait forcé l'époux à la continence — donnait presque toujours un enfant mâle. Au contraire, dans les pays où existe la polygamie, il naît plus de filles que de garçons, parce que les hommes ayant plusieurs femmes à leur disposition ne mettent aucun frein à leurs désirs lubriques et dépensent leur sperme à peine formé, sans qu'il ait pu prendre de consistance.

Enfin, les hommes âgés, faibles, maladifs, paresseux, engendrent en général des garçons, à cause des longs intervalles qu'ils mettent entre chaque copulation.

En résumé, d'après cette théorie, pour obtenir un garçon, il faudrait n'approcher de sa femme qu'une ou deux fois par mois, et chaque nuit, ou une nuit sur deux, si l'on veut une fille.

10

Si intéressantes qu'elles soient, en ce sens qu'elles permettent de pronostiquer jusqu'à un certain point le sexe des enfants qui naîtront d'un couple donné, les observations précédentes ne résolvent en rien le problème du sexe à volonté. Cependant, elles sembleraient établir que le sexe n'est pas déterminé dans l'ovule, et qu'il dépend de circonstances postérieures au détachement de celui-ci de la vésicule ovarienne.

Le docteur Cruveilhier allait plus loin. Dans son *Traité d'anatomie descriptive* il avance que le sexe n'apparaît qu'au cours de la vie fœtale :

« Chez le fœtus, affirmait le célèbre professeur, il existe un moment qu'on peut appeler *neutre*, et dans lequel les organes génitaux présentent la même disposition chez l'un et l'autre sexe. De sorte que les différences qui se manifestent dans la suite résultent, simplement, du mode particulier de développement de cet état primitif. »

Pour le docteur Debay, le sexe dépend d'une formule chimique dont les éléments doivent être cherchés dans une alimentation *ad hoc* ; ce ne serait qu'une question de régime.

« La détermination du sexe, dit-il, a lieu au moment même de la fécondation. Elle dépend uniquement des qualités de l'œuf et du sperme. Ces qualités se traduisent par les diverses proportions d'*azote* contenues dans les matières dont les œufs et le sperme sont formés. L'œuf est-il à un degré supérieur d'azotation, le produit sera mâle ; — l'œuf est-il à un degré inférieur d'azotation, le produit sera femelle.

« L'élément mâle est représenté par la substance azotée, l'élément femelle par la substance hydro-carbonée ; la détermination du sexe de l'embryon a sa cause dans la prédominance de l'un ou de l'autre de ces éléments. »

D'après cette théorie, pour procréer un mâle, il faut soumettre la femme à un régime substantiel, carnassier, soit *azoté*, et l'homme à un régime végétal. Pour obtenir une fille, les deux époux devront ne se nourrir que de végétaux.

Il est vrai que si, en suivant cette diète, on n'obtient pas ce qu'on désire, on peut toujours attribuer l'échec à un écart de régime. De sorte que, quel que soit le résultat, la réputation d'infaillibilité du système n'aura pas à en souffrir.

La méthode préconisée récemment par un médecin autrichien, le docteur Léopold Schenk, de Vienne, soulève les mêmes objections.

Le point de départ de ce système est le fait d'observation que les femmes atteintes de diabète ne mettent au monde que des filles. Beaucoup de femmes, sans être diabétiques avérées, éliminent cependant des traces de sucre ; elles aussi n'engendrent que des filles.

En soumettant ces femmes à une alimentation appropriée facilitant l'élimination du sucre, alimentation qu'on prescrit aux diabétiques et qui est exempte de féculents, riche en albumine : viande, poisson, etc., le docteur Schenk les a vues souvent donner le jour à des garçons.

Des recherches minutieuses lui ont démontré également qu'il convient de donner une grande importance à l'observation de certains principes contenus dans les *excreta* liquides, tels que l'acide urique, les matières colorantes de l'urine, la créatine, etc. Il a constaté que ces matières so montrent en quantité plus grande dans tous les cas où il s'agit d'un garçon.

En conséquence, il arrive à cette conclusion : « Pour procréer des enfants mâles, il faut que la constitution de la mère soit telle que les *excreta* liquides de celle-ci ne contiennent pas trace de sucre. Il faut également que les proportions des substances : acide urique, créatine, etc., soient grandes ou augmentées.

« Dans le cas où le sucre n'est pas éliminable, tout espoir d'obtenir des garçons doit être considéré comme perdu. »

Le docteur Schenk termine en disant que sa méthode agit d'autant plus sûrement que la mère l'entreprend plus tôt. Le traitement doit commencer au moins deux mois avant la conception, et être continué jusqu'au troisième mois de la grossesse.

La méthode Schenk est susceptible des mêmes critiques que celle du docteur Debay, et il s'y en ajoute une relativement à la nécessité de commencer le régime deux mois avant la fécondation comme si celle-ci était facultative. Pour donner toute sa valeur à l'épreuve, il faudrait que la femme qui voudra s'y soumettre s'abstînt de rapports sexuels durant les deux premiers mois du régime et qu'elle les reprît immédiatement après la cessation des règles. C'est le seul moyen de ne pas encourir une fécondation au cours des deux mois préliminaires. Dans tous les cas d'ailleurs, la non-réussite peut être rejetée sur le compte d'un manque de rigueur dans l'application de la méthode.

Le professeur Marc Thury, de Genève, propose une autre solution : « D'après ses indications, rapporte-t-il dans une brochure devenue très rare, on a constamment obtenu des femelles quand les vaches étaient fécondées dès les premières manifestations du rut, — et des mâles quand la fécondation n'avait lieu qu'à la fin de la période de « chaleur ».

« En conséquence, dit M. Thury, le sexe ne préexiste ni dans le germe ni dans le principe fécondant ; il ne dépend ni de l'un ni de l'autre, mais du degré de maturité de l'œuf au moment de la fécondation. »

Dans cette théorie, si l'ovule est fécondé dans les premiers temps de son évolution hors de l'ovaire, il se produit un arrêt dans son développement, et il donnera naissance à un être femelle. Si la fécondation a lieu lorsque l'ovule a atteint un degré plus complet de maturité, il en sortira un être mâle. Le mâle serait en quelque sorte une femelle élevée à une puissance supérieure.

Encore une fois, on ne peut conclure de l'animal à l'homme ; sans cela, les expériences sur les bases posées par M. Thury tendraient à établir que les enfants du sexe féminin proviendraient de fécondations survenues le jour même ou le lendemain de la cessation des règles ; et les enfants du sexe masculin, d'une fécondation effectuée du troisième au sixième jour. Il n'en coûte rien d'essayer, mais ce n'est pas encore de cela qu'on peut dire avec Cicéron :

*Qui est cuis non perspicua sint illa ?*

L'exposé du développement du *fœtus*, non plus que les détails concernant l'accouchement n'ont pas place ici ; mais une question qui mérite en ce livre une sérieuse attention est celle de l'allaitement maternel, auquel tant de femmes veulent se soustraire, au grand détriment de leur santé, il faut le leur dire bien haut.

L'allaitement maternel est de toute rigueur, d'abord dans l'intérêt de l'enfant, pour qui ce lait est préparé et dosé selon son tempérament, ses besoins et le degré de son développement[1]. Puis, pour éviter à la femme une foule d'indispositions dans le présent, d'infirmités dans l'avenir, ainsi que pour préserver sa santé et sa fraîcheur.

Durant la grossesse, le lait a été préparé d'avance pour la nourriture du nouveau-né ; devenu plus abondant après l'accouchement, il n'attend que la bouche de l'enfant pour sortir et dégorger les seins.

L'allaitement maternel est avantageux à la nouvelle accouchée, parce que ses seins sont devenus un centre de fluxion qui attire à lui l'excès de vitalité concentré sur la matrice pendant la grossesse et l'enfantement. Cette dérivation bienfaisante débarrasse peu à peu la matrice de son surcroît de vie et la ramène au bout de quelques jours à son état normal. Mais si la succion de l'enfant ne vient entretenir l'afflux du lait aux seins, l'excitation continuera naturellement à siéger dans les organes génitaux, et de là cette série d'indispositions, de maladies, d'infirmités même dont sont affligées les mères qui ont voulu désobéir aux lois de la nature.

Les femmes qui ont un organe prédisposé à une irritation, une dégénérescence quelconque, peuvent être certaines que cet organe sera bientôt frappé de maladie si

---

1. La mortalité est bien plus grande chez les enfants privés du sein maternel que chez ceux qui en jouissent.

elles n'allaitent pas. Même si elles sont bien portantes, la moindre cause peut produire une inflammation de la matrice et donner lieu à des hémorragies, des écoulements loucorrhéiques puriformes par la vulve, à des ulcérations, des dégénérescences cancéreuses de la matrice.

La résorption du lait, de plus, est presque toujours fatale à l'organe qui le sécrète ; elle détermine dans une certaine mesure l'atrophie des seins, devenus inutiles.

On voit que les femmes qui croient que l'allaitement les épuiserait, et que c'est ménager sa santé et ses charmes que de ne pas nourrir, sont complètement dans l'erreur ; c'est tout justement le contraire qui est vrai, car une immunité contre la maladie est attachée aux mères qui allaitent.

Dans l'intérêt de l'un et de l'autre, la place de l'enfant est au sein de sa mère.

# CHAPITRE X

De la stérilité. — Absence, vice de conformation, état maladif ou inertie des organes génitaux. — Disproportion entre les organes génitaux de l'homme et de la femme. — Empoisonnement ou absence de spermatozoïdes. — Stérilité volontaire. — Fausses couches. — Avortements provoqués.

La stérilité est un des plus puissants dissolvants du lien conjugal. Le ménage sans enfants manquant de base, ne pouvant s'élever au rang de famille, offre peu de chance de stabilité ; il reste une association d'une existence plus ou moins précaire. Il y a lieu dès lors d'exposer les causes de stérilité et de distinguer celles qui sont ou non curables.

La stérilité se rencontre le plus souvent chez la femme (*alocie*), mais elle peut aussi provenir de l'homme. De toute antiquité et dans tous les pays, la femme inféconde a été considérée comme un objet de dérision et de mépris, comme une créature frappée d'une punition divine. En ne rapportant la stérilité qu'à la femme — et en admettant toutefois qu'on puisse imputer à crime une imperfection physique — on a donc, depuis des milliers d'années, fait souvent payer à l'innocente la faute du coupable. C'est de cette façon, du reste, que l'homme en a toujours usé envers la femme, et le nombre de ceux qui sont arrivés à une plus saine appréciation des choses est encore fort restreint.

Les causes de stérilité peuvent se ramener à trois chefs : absence, imperfection ou état maladif d'une ou plusieurs parties essentielles de l'appareil générateur. La stérilité est définitive s'il y a absence ou imperfection grave des organes, et fréquemment curable dans tous autres cas.

Certains désordres organiques mettent un obstacle absolu à toute union sexuelle ; d'autres, sans rendre cette union impraticable, la frappent de stérilité ou la rendent si difficultueuse, si douloureuse même, que tout l'attrait en est détruit.

La loyauté la plus élémentaire voudrait que les parents d'une jeune fille prévinssent de ses vices constitutifs celui qui se présente pour l'épouser ; et que, de son côté, le jeune homme en agisse de même. On éviterait ainsi bien des mauvais ménages ; d'autant plus que la loi, qui admet quantité de vices rédhibitoires quand il s'agit d'un cheval ou d'une pièce de bétail, ne reconnaît en matière matrimoniale que ceux qui entraînent la stérilité sans conteste, c'est-à-dire d'où il résulte que l'union sexuelle est impraticable. Or, parmi les nombreuses anomalies des organes génitaux, il y en a peu qui s'opposent complètement aux rapports conjugaux ; en bonne justice, il devrait être tenu plus compte des causes qui rendent l'acte génital laborieux, répugnant, pénible, ou qui font qu'il est accompagné ou suivi de souffrances plus ou moins vives ou intolérables.

En raison de l'étendue de son appareil génital, la femme est sujette à un plus grand nombre de vices de conformation que l'homme.

Les défauts des organes génitaux externes et du vagin empêchent ou gênent les rapports sexuels ; ou, pour le moins, en rendent la tentative douloureuse pour celles qui en sont affectées. Heureusement que, grâce aux progrès considérables réalisés par l'art chirurgical, il est possible d'y remédier dans beaucoup de cas.

Les principales anomalies de la vulve sont l'adhérence soit des grandes lèvres, soit des nymphes, soit des unes et des autres ; — la présence de kystes vulvaires. Selon l'importance de l'occlusion, l'union sexuelle sera impossible ou seulement entravée, mais alors rarement féconde.

Le développement anormal des nymphes — ou tablier — qu'on ne rencontre guère que dans les pays très chauds n'est pas un obstacle à la fécondation, mais il provoque de la répugnance chez l'homme. On en vient, d'ailleurs, facilement à bout par une opération facile et sans danger.

Les dimensions du clitoris ne sont pas indifférentes ; si cet organe est trop exigu, la femme n'éprouve aucune appétence pour les plaisirs vénériens ; s'il est très développé, il peut mettre obstacle aux rapports conjugaux, sans compter que la femme affectée de cette dernière infirmité est indifférente aux sollicitations de l'homme, dont elle semble avoir une partie de la virilité. Au surplus, les proportions exagérées du clitoris annoncent communément une matrice et des ovaires peu développés. Il s'est rencontré des clitoris assez monstrueux pour accréditer l'existence de l'hermaphrodisme.

Le vagin est le siège de nombreuses défectuosités. La membrane hymen n'est pas toujours perforée ; elle présente parfois une résistance dont le bistouri ou le trocart

seuls peuvent avoir raison. Si le canal vaginal est trop
court, la verge ira frapper et meurtrir le col de la matrice ;
trop large il est inerte dans la copulation et laisse perdre le
liquide fécondant ; trop étroit, il s'oppose en tout ou en
partie à l'introduction de la verge ; ce dernier cas, ou
*angustie du vagin*, cède généralement à une dilatation
progressive, pour laquelle il faut recourir à un praticien
expérimenté.

Bien que de dimensions convenables, le canal vaginal
peut être rétréci ou obstrué par différentes causes : cloison longitudinale (bifidité), brides membraneuses, fongosités, polypes, etc. Il se rencontre des vagins dont les
parois sont adhérentes en partie ou sur toute la longueur.
On a constaté quelques vagins s'ouvrant dans le rectum.
La plupart de ces malformations s'opposent à l'union
charnelle et sont incurables.

Les occlusions de la vulve et du vagin ne sont pas toujours congénitales ; elles peuvent résulter de brûlures ou
de plaies d'une tout autre nature dont la cicatrisation,
abandonnée à elle même, a entraîné une soudure. C'est
encore ici au chirurgien à dire le dernier mot. Mais, que
les adhérences soient naturelles ou consécutives à des
lésions, l'homme, qui en reconnaîtra l'existence chez sa
compagne, devra bien se garder de chercher à enlever de
force ces obstacles ; il s'exposerait à provoquer des déchirures pouvant déterminer des hémorragies mortelles, et le
mariage ne lui confère pourtant pas le droit de vie ou de
mort sur sa femme.

Les vices de conformation des organes génitaux féminins internes s'opposent rarement à l'union sexuelle,

mais, en revanche, ils font presque tous, et d'une manière incurable, obstacle à la fécondation ou à l'évolution du germe fécondé.

Le premier à signaler est l'obstruction du col de la matrice, rendant impossible l'introduction des spermatozoïdes dans l'utérus ; cette imperfection, à cause de la disposition concentrique des fibres musculaires du col, n'est pas toujours sans danger réductible par incision.

Les anomalies de la matrice sont nombreuses : cet organe peut faire complètement défaut, ou être atrophié et ne présenter qu'un volume minime, état qui se lie généralement à une imperforation du col, ou à un arrêt de développement des ovaires. Parfois l'utérus ne présente aucune cavité intérieure, ou bien l'espace libre est envahi par des fongosités, des kystes, des polypes, ou encore par des corps fibreux pouvant simuler la grossesse.

On rencontre des matrices bifides ou doubles. Cette duplicité indique un arrêt de développement ; il existe primitivement deux vagins et deux matrices qui finissent par se souder, tandis que la cloison qui les séparait se résorbe petit à petit. Dans le vagin et la matrice bifides, qui se rencontrent généralement ensemble,— cette cloison a persisté. Tous les cas où la matrice n'est pas dans son intégrité s'opposent à la conception.

Le relâchement des ligaments qui retiennent et fixent la matrice peut devenir le point de départ de nombreuses positions vicieuses de l'organe : version ou flexion en avant ou en arrière, chute, renversement, descente, etc. Ces déplacements sont du domaine de la chirurgie en grande partie. Sauf quand la matrice est engagée dans le vagin, ils n'empêchent pas l'union sexuelle, tout en nécessitant parfois une position spéciale, mais il est facile de comprendre qu'ils rendent la fécondation sinon impossible, du moins fort problématique.

L'absence, le rétrécissement, ainsi que l'obstruction des trompes utérines, en fermant le chemin qui conduit de l'ovaire à la matrice, ne permettent pas à l'ovule mûr de rencontrer l'élément fécondant. Ces cas, fort rares d'ailleurs, constituent une stérilité incurable.

Les ovaires manquent quelquefois ou sont atrophiés, sans que nécessairement l'absence ou l'atrophie de la matrice en soit la conséquence. Les kystes ovariques ainsi du reste que toute autre affection des ovaires, s'opposent à la conception d'une manière presque absolue. Toutefois, une femme dont un ovaire serait absent, atrophié ou malade, mais dont l'autre ovaire conserverait son intégrité, pourrait devenir mère.

Il est à remarquer que la femme sans ovaires n'acquerra pas les charmes inhérents à son sexe : condamnée à la stérilité, elle n'a point besoin de plaire et la nature lui refuse ses faveurs. Sa voix grossit et devient plus grave, ses lèvres se couvrent de duvet, ses seins manquent de développement, ses formes restent anguleuses, le caractère et les allures sont plus décidés ; elle se virilise, en un mot, et présente un mélange bizarre des attributs des deux sexes, peu propre à inspirer l'amour, dont, au surplus, les femmes sans ovaires ne ressentent pas l'aiguillon.

Avec les progrès de l'asepsie, les chirurgiens sont devenus de la plus grande hardiesse ; c'est ainsi qu'ils pratiquent couramment l'ovariotomie, opération considérée autrefois comme redoutable. Il en est résulté qu'aujourd'hui, on se fait retrancher les ovaires avec plus de facilité qu'on ne consent à se laisser extraire une dent. C'est devenu presque une mode dans certains milieux. Plus d'ovaires, plus de danger de grossesse ; le moyen est infaillible, et l'on peut dès lors se livrer sans frein à ses passions, ce semble.

Mais toute médaille a son revers. D'abord, on risque sa vie à ce jeu, une opération sur trois étant mortelle. Et puis, la perte des ovaires, organes essentiels de la femme, entraîne celle du sexe. L'ablation est suivie, plus ou moins rapidement, selon le plus ou moins de jeunesse de l'opérée, de la diminution progressive des seins, des hanches et des cuisses, c'est-à-dire des attributs de la maternité. Comme chez la femme née sans ovaires, la voix grossit, le duvet envahit la lèvre et le menton, les allures se virilisent. Il se produit en sens inverse le même phénomène que présente l'homme privé de testicules. Celui-ci offre une ridicule copie de la femme, tandis que la femme ovariotomisée devient une déplaisante parodie de l'homme.

Au moins, à ce prix, le but poursuivi — les sensations voluptueuses affranchies de servitude — est-il atteint ? Évidemment les embrassements seront stériles ; en revanche, l'appétit sexuel ira toujours en diminuant et sa satisfaction procurera de moins en moins de plaisir. Alors, apparition de regrets obsédants, mélancolie, neurasthénie, etc. ; mais il est trop tard, aucun soulagement à attendre, pas même la consolation de pouvoir se plaindre !

L'appareil lactifère a aussi ses anomalies : les mamelons

et même les glandes mammaires peuvent faire défaut ou être atrophiés ou hypertrophiés. On a constaté l'existence de seins supplémentaires situés au-dessous ou entre les seins normaux, etc. Sans entraver l'union sexuelle, ces étrangetés y nuisent dans une certaine mesure, en ce sens que les femmes qui en sont affectées se montrent souvent plus rebelles que d'autres à éprouver les sensations vénériennes.

L'intégrité apparente de l'appareil génital correspond parfois avec l'*aménorrhée*, ou absence des règles en dehors de la grossesse. Elle peut se rencontrer sans que la santé générale en soit affectée, mais seulement quand la menstruation ne s'est pas établie, ce qui s'observe, par exemple, chez les femmes privées d'ovaires ou d'utérus. Si les règles cessent à la suite d'une cause autre que la conception : saisissement, action de l'eau froide, chute, coups, nourriture insuffisante, vie trop sédentaire, abus des plaisirs vénériens, etc., l'inaptitude de la femme à la fécondation est accompagnée par un cortège de maux : coliques, douleurs du bassin, vertiges, perte de l'appétit, troubles nerveux profonds et des plus inquiétants, qui peuvent aller jusqu'à la perte de la vie. Preuve que l'abolition de la faculté de devenir mère entraîne les plus grands désordres dans l'organisme féminin où tout tend à la maternité.

Bien que dans un ménage sans enfants l'infécondité soit communément attribuée à la femme, elle peut aussi être imputée à l'homme. En effet, les organes génitaux masculins ne sont pas exempts d'anomalies et de malformations.

L'homme, ainsi qu'on l'a vu précédemment, n'intervient dans l'acte génital que par l'émission d'un liquide

spécial contenant des animalcules microscopiques d'une
extrême mobilité, désignés sous le nom de zoospermes ou
celui de spermatozoïdes, lesquels sont les éléments organiques de la fécondation. De plus, le liquide fécondant
doit être porté dans les organes génitaux internes de la
femme pour qu'il puisse prendre contact avec les ovules.

De là, deux formes de la stérilité chez l'homme :

1° Lorsqu'il sera privé de sperme où qu'il en émettra un
de mauvaise qualité, dépourvu d'animalcules, ou ne contenant que des spermatozoïdes morts ou sans vigueur ;

2° Quand, ayant un sperme normal, il lui sera impossible de l'éjaculer ou de le faire parvenir dans les parties
profondes de l'appareil féminin.

L'homme, tout en ayant l'aptitude à l'union sexuelle,
peut donc avoir des rapports inféconds ; il peut aussi se
trouver inapte à remplir l'acte génital. Ce n'est que cette
seconde forme de la stérilité, ou *impuissance*, qu'il soit
possible d'invoquer dans une action en divorce ou en
nullité de mariage.

Les testicules étant les organes où s'élabore le liquide
fécondant, leur absence ou leur atrophie entraîne forcément l'impossibilité de féconder, mais aussi l'impuissance
par manque de désirs vénériens, lesquels ne sauraient
s'éveiller en l'absence de sperme.

Pour que les testicules remplissent convenablement
leur office, il importe qu'ils soient parvenus dans les
bourses. Chez le fœtus, ils occupent d'abord le pli de
l'aine ; ce n'est que peu avant la naissance, et même quelquefois après, qu'ils descendent dans le scrotum. Dans
certains cas, constituant la *cryptorchidie*, ils sont arrêtés

dans leur marche et ne se rendent jamais dans les bourses. Dans le cas de *monorchidie*, un seul testicule a gagné sa place naturelle.

Chez les cryptorchides, les testicules, retenus dans l'abdomen, à la partie supérieure de la cuisse, sont atteints de dégénérescence et ne produisent qu'un sperme dépourvu de spermatozoïdes ou impropre à la fécondation. Le monorchide est fécond si le testicule en bonne place est sain et d'un volume suffisant. Il en serait de même d'un homme qui aurait perdu un testicule par suite de maladie ou d'accident.

Il est à noter que l'homme monorchide peut procréer des enfants de l'un comme de l'autre sexe, ce qui met à néant la croyance populaire que les garçons proviendraient d'un testicule et les filles de l'autre. Même observation, cela va de soi, pour la femme privée d'un ovaire.

De même que la femme sans ovaires, l'homme dépourvu de testicules s'éloigne des caractères distinctifs de son sexe : sa barbe ne croît pas, sa voix devient aiguë et criarde, ses formes s'arrondissent, ses seins acquièrent du volume, enfin, il devient une caricature de la femme et un objet de répulsion instinctive.

Les imperfections ou maladies des testicules qui empêchent la production du sperme ou en altèrent la qualité, causent la stérilité. De ce nombre sont l'hydrocèle, dans lequel une accumulation d'eau comprime et désorganise le testicule, le varicocèle, le cancer, la tuberculose, etc.

Le sperme des jeunes gens durant les premiers temps de la puberté, ainsi que celui des vieillards et des individus qui abusent des plaisirs vénériens, est dépourvu de spermatozoïdes ou ne contient qu'un petit nombre d'animalcules débiles et presque inertes. Quand la copulation avec un tout jeune homme, un vieillard ou un épuisé est féconde —ce qui arrive malheureusement — il en résulte un être malingre de corps et d'esprit, souffreteux, expulsé souvent avant terme, et en tout cas destiné à une courte vie.

Si abondant que soit le sperme, si bonne soit sa qualité, si amplement soit-il pourvu de spermatozoïdes vivaces, encore faut-il qu'il parvienne jusqu'au col de la matrice, et il peut être arrêté dans le long trajet qu'il a à parcourir jusque-là. Les canaux déférents qui conduisent le sperme aux vésicules séminales peuvent être oblitérés, ces dernières sont parfois atrophiées, la prostate peut avoir subi des altérations, le canal de l'urèthre est sujet à des rétrécissements, à des fistules, à des obstructions par des polypes, des fongosités, etc. ; autant de causes de stérilité par impossibilité de porter le sperme dans le vagin, bien que l'union sexuelle serait possible.

Il faut aussi compter avec les imperfections de la verge. Dans le *phimosis*, le prépuce n'offre pas une ouverture assez grande pour que le gland puisse être découvert, ce qui, dans les rapports sexuels, empêche l'excitation directe de celui-ci, d'où lenteur et même impossibilité de remplir sa fonction. Si, cependant, la copulation peut être complète, le phimosis apporte communément un obstacle à la fécondation par le fait que le méat urinaire et l'ouverture du prépuce n'étant pas toujours en rapport, le jet du sperme est gêné dans sa marche et ne parvient que peu ou point dans le vagin.

On nomme *paraphimosis* le cas où un homme atteint de

phimosis aurait, à la suite d'efforts vénériens avec une femme au vagin étroit, le prépuce ramené violemment en arrière du gland, et où on ne pourrait lui faire quitter cette situation douloureuse ; ceci est affaire du chirurgien. Le retour de l'aptitude à la fécondation de l'homme atteint de phimosis s'obtient par l'excision d'une partie du prépuce, ou circoncision, opération bien moins douloureuse qu'on pourrait le supposer.

Il y a encore obstacle et même empêchement complet à ce que le sperme parvienne dans le vagin, si le méat urinaire ne se trouve pas au sommet du gland. Si le canal de l'urèthre s'ouvre sur le dos de la verge, l'anomalie prend le nom d'*épispadias;* et s'il s'ouvre sur la face inférieure, celui d'*hypospadias ;* ces deux infirmités rendent la fécondation à peu près impossible, surtout quand elles se rencontrent vers la racine de la verge, le sperme étant alors éjaculé hors du vagin. La chirurgie n'est pas tout à fait impuissante à venir à bout de ces conformations vicieuses quand elles sont reconnues chez les enfants; chez l'homme, l'opération est très chanceuse.

Enfin, la verge peut faire défaut, soit de naissance, soit par suite d'une circonstance quelconque ; elle peut aussi n'être qu'à l'état rudimentaire ou privée de gland, auxquels cas l'acte génital est impraticable, les vaisseaux spermatiques fussent-ils dans leur intégrité.

Les maladies ou imperfections de la vessie ne s'opposent pas en général à la fonction génésique. Il faut excepter l'*extrophie*, affection fort rare, qui fait subir à la verge une rétraction telle, par le renversement de la vessie, que les rapports sexuels deviennent impraticables.

Les *hermaphrodites* qui, n'appartenant ni à un sexe ni à l'autre, possèdent un appareil génital, où se rencontrent des organes mâles à côté d'organes femelles, sont impropres au mariage ; ils ne peuvent féconder ni être fécondés.

Les êtres dont la taille est exceptionnelle en plus ou en moins, c'est-à-dire les géants et les nains, sont presque tous stériles ; si la nature laisse se produire des monstres, elle s'oppose du moins à ce qu'ils se perpétuent.

La stérilité peut résulter aussi d'affections du cervelet ou de la moelle épinière ; l'effet disparaît en même temps que la cause.

Il en est de même avec la stérilité provenant de l'obésité. Le développement excessif du ventre chez les obèses gêne l'exercice des rapports sexuels et nécessite une posture spéciale ; mais il y a plus : dans cette maladie, toutes les forces vitales tendent à la production de la graisse et abandonnent les autres fonctions ; le système génital est un des premiers délaissé. Le même phénomène se produit chez les animaux trop bien nourris, ainsi que chez les végétaux, dont les étamines se convertissent en pétales quand les sucs nutritifs sont trop abondants.

Une autre cause de stérilité chez l'homme, qui doit non seulement entrer en érection, mais encore être susceptible d'éprouver, au cours de l'union sexuelle, l'excitation qui déterminera l'expulsion du liquide fécondant, réside dans l'inertie des organes génitaux, inertie qui peut résulter d'une faiblesse congénitale, et alors elle est à peu près incurable ; ou provenir d'un état maladif, et il n'y a qu'à rétablir la santé générale pour que les forces génésiques renaissent ; ou être la suite d'excès vénériens, et le malade n'a chance de récupérer sa virilité qu'après un repos prolongé des organes surmenés. Tout remède, dans ce dernier cas, est illusoire et toute promesse de guérison abusive.

Chez la femme, l'inertie des organes génitaux ne met pas empêchement aux rapports sexuels. Mais la non-activité des bulbes du vagin et du clitoris, l'absence de dilatation du museau de tanche et d'érection des trompes utérines, en s'opposant à la réception du sperme par la matrice ou à sa progression dans cet organe, sont autant de causes de stérilité.

Pour les combattre, on préconise les frictions irritantes sur le bas-ventre et le haut des cuisses, les bains de siège chauds un peu avant la copulation, des irrigations excitantes du vagin, un régime général tonique, et même des préparations aphrodisiaques. Avant d'employer ces moyens, qui ne sont pas tous sans danger, on aura recours, comme plus efficaces, aux excitations physiologiques, ainsi qu'il a été dit au chapitre traitant de l'anaphrodisie, l'inertie des organes génitaux de la femme provenant presque toujours de son inappétence aux plaisirs vénériens. Si l'époux s'appliquait avec amour et délicatesse à éveiller les sens de sa compagne, il n'aurait pas sujet de se plaindre d'une froideur, qui n'est que rarement l'effet d'une mauvaise constitution.

On dit communément de la femme qui prend une part active au jeu de l'amour qu'elle a du « tempérament » ; et vice versa, on croit s'en tirer en avançant d'une femme indifférente aux embrassements qu'elle manque de tempérament. Ce dernier propos ne prouve souvent que la sottise de l'époux qui s'en prend de sa maladresse à un prétendu vice organique de sa femme.

Il y a lieu aussi d'examiner les causes de stérilité qui résultent d'une disproportion entre la verge et le vagin, celui-ci ou celle-là, quoique bien conformé, ayant des dimensions excessives ou trop médiocres. Toute investigation à cet égard, préalablement au mariage, serait considérée comme le comble de l'impertinence ; il n'en est pas moins vrai qu'une grande disproportion entre les diamètres de la verge et de l'organe récepteur peut rendre l'union sexuelle inefficace, pénible ou même extrêmement douloureuse, et entraîner, par conséquent, la désunion du ménage le mieux assorti d'autre part.

Si la verge est trop volumineuse ou le canal vaginal très étroit, l'intromission est difficile et ne va pas sans de grandes souffrances pour la femme. Pour les atténuer et éviter des déchirures dont les suites sont fréquemment graves, la plus grande douceur et des ménagements infinis s'imposent : la lubrification de la verge avec de l'huile fine donne de bons résultats. D'ailleurs, le vagin étant susceptible d'extension dans le sens de la largeur, il ne tarde pas à subir une accommodation convenable. Au pis aller, l'équilibre s'établirait après la première couche.

Une verge d'un diamètre convenable, mais trop longue, viendra frapper plus ou moins violemment le col de la matrice, que ces chocs peuvent blesser ou, tout au moins, le faire fermer spasmodiquement et empêcher ainsi le passage du liquide fécondant par les lèvres du museau de tanche. En général, la verge trop longue glisse à côté du col et l'éjaculation a lieu en arrière, ce qui rend la fécondation incertaine.

La grande brièveté du vagin a les mêmes inconvénients. Le docteur-Cruveilhier a constaté sur une femme, dont le canal vaginal n'excédait pas cinq centimètres, l'existence d'un vagin artificiel d'égale longueur au premier et situé dans son prolongement, en arrière du col de la matrice. Cet organe anormal avait été créé progressivement par les efforts de la verge, non sans de cruelles souffrances pour la pauvre femme, victime de sa conformation. Il est à peine nécessaire d'ajouter que cette malheureuse créature n'eut jamais la consolation d'être mère.

Dans ces deux cas, la plupart des inconvénients peuvent être évités en n'introduisant qu'une partie de la verge, ce qu'il est facile d'obtenir en en diminuant la longueur au moyen d'un anneau ou bourrelet élastique entourant sa base.

La brièveté de la verge ou la trop grande longueur du vagin ont pour effet d'empêcher le liquide fécondant d'atteindre le col de la matrice. L'émission du sperme ayant lieu vers le milieu de la longueur du canal vaginal, la plus grande partie du fluide séminal s'échappe hors de la vulve sans profit pour la fécondation.

Ainsi que dans les cas de grossesse avancée et d'obésité, les médecins spécialistes conseillent ici l'attitude *a latere* ou *a retro*, dans lesquelles la verge pénètre plus profondément dans le vagin. Il existe un grand nombre d'observations de femmes stériles par suite de brièveté de la verge de l'époux, qui ont engendré par suite de l'emploi de l'une de ces positions.

Le dernier cas à examiner, et non le moins fréquent, de disproportion des organes génitaux est celui où le diamètre de la verge est sensiblement inférieur à celui du vagin, par suite soit de la gracilité de la verge, soit de la largeur exceptionnelle du canal vaginal. Dans ces deux occurrences, le *stimulus* qui réside dans les frottements des deux épidermes est sensiblement diminué, sinon annulé tout à fait.

L'union sexuelle devient alors une opération d'une longue durée. L'homme voit cesser l'érection, qui ne peut se maintenir faute d'une excitation suffisante ; ou, si, à force de volonté, il parvient à obtenir l'éjaculation, ce n'est qu'après des efforts désordonnés et une grande dépense nerveuse qui le laissent affaibli, découragé, humilié. D'autre part, la femme, même la plus complaisante, se trouve obsédée par des manœuvres dont la prolongation n'a pas pour compensation l'émoi de ses sens.

Une verge de petit diamètre étant peu ou point propre à provoquer l'orgasme féminin, ce défaut, en fin de compte, entraîne l'anaphrodisie ou froideur de la femme, qui se combat par les excitations clitoridiennes préalables. En effet, dans les conditions normales de l'acte génital, les bulbes du vagin éprouvent une sorte d'érection qui a pour conséquence de restreindre l'entrée du canal vaginal et d'en opérer une application plus étroite sur la verge. Si celle-ci est trop grêle pour obtenir ce résultat, il est possible d'y parvenir par une titillation délicate du clitoris, dont l'action réflexe se fera sentir aux bulbes du vagin et les disposera à exercer sur la verge une constriction favorable à la bonne marche des rapports sexuels.

Si l'on considère que les désagréments qui résultent d'une verge de dimension trop éloignée de la moyenne, au

delà ou en deçà, sont tels qu'il n'est malheureusement pas
rare que les hommes affligés d'un de ces vices de conformation, surtout du second, prenant les femmes en dégoût, se livrent à la masturbation, à d'autres pratiques
hors nature [1], et même à des attentats à la pudeur sur des
enfants, on reconnaîtra que tout ce qui pourra être tenté
pour maintenir dans la bonne voie ceux qu'une gracilité
de la verge inciterait à s'en écarter, ou pour y faire rentrer
ceux qui l'auraient déjà abandonnée, sera d'une haute
portée morale, et, en restituant à la société des êtres éga-
rés, d'une utilité publique incontestable. Ceci à l'adresse
des personnes qui blâmeraient la publicité donnée aux indications qu'on vient de lire.

Les organes génitaux de l'homme et de la femme
peuvent être dans leur intégrité, ainsi que de proportions
convenables et, cependant, les rapports sexuels rester inféconds. C'est qu'il ne suffit pas de déposer le sperme dans
l'appareil sexuel féminin, il faut encore qu'il rencontre un
milieu ne lui étant pas contraire. Or, il est reconnu que
l'acidité même faible des mucosités vaginales tue en peu
de temps les spermatozoïdes les mieux portants. L'alcali-
nité des humeurs qui humectent la matrice produit le
même effet. Dans ces deux cas, il y a empoisonnement des
éléments organiques fécondants, d'où infécondation. Lors
donc qu'on est en présence de deux êtres stériles, encore
que bien conformés, il y a lieu de supposer que les animalcules spermatiques trouvent la mort avant leur rencontre
avec les ovules.

1. Rapport du docteur Trousseau sur la pédérastie.

Les irrigations à l'eau pure viennent facilement à bout de cette stérilité dont l'importance a été longtemps méconnue.

Une cause de stérilité, qui se lie étroitement à la précédente, se rencontre dans la trop fréquente répétition de l'acte génital. Chez la femme trop souvent sollicitée, l'orgasme dans lequel est entretenu le vagin, on modifie les sécrétions et les rend mortelles aux animalcules spermatiques ; parallèlement, chez l'homme dont la liqueur séminale est sans cesse expulsée avant parfaite élaboration, les spermatozoïdes diminuent en nombre et en vigueur, et finissent même par disparaître complètement.

Il ne faut guère chercher ailleurs la cause de la stérilité qui s'observe souvent dans les jeunes ménages, et qui cesse lorsque les relations conjugales deviennent plus modérées, ou quand, après une séparation d'une certaine durée, les organes surmenés ont pris du repos.

Enfin, la stérilité peut être volontaire. Il a été parlé dans un chapitre précédent des fraudes conjugales, ainsi que du danger des rapports sexuels incomplets. Toutefois, il existe des conditions dans lesquelles il n'est guère possible de blâmer les « restrictions » pratiquées par l'époux ; quand il s'agit de la santé ou de la vie de la femme, par exemple. C'est ainsi qu'à la suite de plusieurs accouchements rapprochés une nouvelle grossesse peut faire craindre un appauvrissement du sang, une affection de la poitrine ou tel autre trouble organique profond. Un accouchement laborieux peut aussi avoir apporté dans les organes génitaux des désordres tels qu'une nouvelle couche mettrait la femme en danger de mort.

Les suites d'un avortement, quelles qu'en soient les causes, nécessitent aussi, d'après Serres, certaines précautions :

« Après une fausse couche, a écrit l'éminent professeur, la matrice suit son développement ascendant — plus lentement il est vrai — jusqu'à l'époque voulue par la nature. De là, danger d'une nouvelle conception avant le temps où la précédente aurait pris terme ; le nouveau travai que l'on impose à cet organe avant que l'évolution précédente soit terminée, occasionne souvent des mauvaises positions de l'enfant et entraîne des couches laborieuses. »

Il résulte de cette constatation qu'il n'irait pas sans danger qu'après une fausse couche une femme fût rendue grosse avant le temps où elle eût été délivrée normalement.

Il est encore un cas où l'emploi du « moral restreint », préconisé par Malthus, ne saurait encourir do reproches, c'est celui où plusieurs enfants de suite ayant apporté en naissant la même tare héréditaire, on serait en droit de redouter qu'il n'en fût indéfiniment de même.

Un couple dont les deux êtres qui le composent sont aptes à la procréation n'est pas assuré pour cela d'avoir des enfants. C'est qu'il ne suffit pas qu'une femme soit fécondée, il importe ensuite que le fruit qu'elle porte arrive à son terme. L'écueil qu'il faut éviter à tout prix et sur lequel il est bon que l'attention soit constamment éveillée, c'est la fausse couche. Aussi, dès que la grossesse est confirmée, ou seulement fortement présumée, la femme doit s'abstenir avec soin des travaux pénibles et de tout exercice violent ou prolongé. Les personnes qui vivent avec la mère en expectative doivent l'entourer d'attentions, écarter d'elle les émotions vives, s'efforcer, en un mot, de lui rendre l'existence facile et riante. D'autant plus que les contrariétés éprouvées durant la gestation peuvent avoir des conséquences funestes pour la santé et même la vie de l'enfant.

Quant à l'avortement provoqué, il est toujours un crime, non seulement parce qu'il s'oppose à la naissance d'un être, mais surtout en ce qu'il compromet la vie souvent et la santé toujours, de la malheureuse qui est victime de manœuvres abortives [1]. Des tumeurs des ovaires, des foyers purulents dans le bassin, le cancer de la matrice, etc., peuvent être consécutifs à l'avortement ; le germe expulsé, il est à craindre que le délivre reste dans la matrice, où il se décomposerait rapidement et entraînerait la mort par empoisonnement du sang. Mais l'accident le plus fréquent est la détermination d'une métro-péritonite et d'une hémorragie utérine presque toujours mortelles.

Le résultat le plus ordinaire de l'ingestion de substances propres à provoquer l'expulsion prématurée du fœtus est d'emporter la mère et l'enfant ; mais, même dans les conditions les moins défavorables, l'avortement provoqué prédispose aux diverses maladies de la matrice et n'est pas sans retentir d'une façon désastreuse sur toutes les fonctions organiques.

Les gens de plaisir, les hommes assez égoïstes pour re-

1. Les lois grecques et romaines n'édictaient aucune peine contre l'avortement provoqué .

culer devant les charges de la paternité, tout en ne voulant pas se priver des voluptés de la procréation, croient innocenter leur coupable conduite en prétendant que l'avortement provoqué aux premiers jours de la grossesse est sans conséquence. A la vérité, il offre moins de gravité, le danger étant proportionnel au développement du fœtus ; mais croire cet acte inoffensif est une erreur qui tient à ce qu'on prend aisément ses désirs pour des réalités. Le plus étrange, c'est que cette opinion erronée a cours chez les femmes mariées, dans l'esprit desquelles l'assurance intéressée de leur mari a fait entrer la persuasion. Aussi n'est-il pas rare d'entendre des femmes, n'ayant pas à se cacher d'être mères, prêcher la soi-disant innocuité de cette pratique coupable, et conseiller à leurs amies des manœuvres répréhensibles à tous égards, et dont les victimes sont innombrables.

En fait, dès le moment de la conception commence un grand travail organique qui va mettre la femme tout entière sous la dépendance du petit être qui germe en son sein. Beaucoup de femmes éprouvent des malaises déjà dans la première semaine de la gestation. N'est-ce pas une preuve que des modifications profondes s'accomplissent en elles ? Que penser — sinon qu'ils y ont intérêt — de ceux qui osent prétendre que tout ce *processus* de la nature ne deviendra pas une cause de perturbations si un avortement le rend sans objet ? Autant vaudrait dire qu'un édifice ne sera pas ébranlé si l'on en sape la base.

On ne saurait trop répéter que la nature semble parfois différer la punition, mais qu'elle châtie tôt ou tard toute infraction à ses lois.

# CHAPITRE XI

L'exercice modéré de la fonction génitale est sain, bienfaisant et concourt à la pondération des forces de l'organisme humain. Au contraire, et de même que pour les autres fonctions, la privation ou l'abus de cet exercice entraîne la perte de la santé.

Les personnes normalement conformées qui s'abstiennent totalement des rapports sexuels, que ce soit de gré ou de force, par suite d'un vœu de chasteté ou pour toute autre cause, sont exposées à des maux dont la gravité est proportionnelle à la force du tempérament du sujet et à la vivacité de son imagination. Mais l'étude des inconvénients qui résultent d'une continence absolue n'a rien à faire ici.

Ceux qui abusent des plaisirs amoureux se préparent un avenir cruel. De ce que l'homme — et il a été reconnu que c'est une condition de moralité — n'a pas, ainsi que les espèces animales, d'époque déterminée, de saison spéciale pour se livrer à l'union sexuelle, il ne résulte pas qu'il puisse répéter cet acte sans frein et en toutes circonstances.

Il ne faut pas perdre de vue que les organes génitaux sont en étroit rapport sympathique avec tous les grands viscères : cerveau, cœur, estomac, poumons, d'où il suit que si l'appareil génital est surexcité outre mesure, inévitablement les autres appareils, et surtout le système nerveux, s'affaibliront d'autant.

Au nombre des désordres fonctionnels déterminés par les excès vénériens, il s'en rencontre de fort graves, tels que : palpitations, étouffements, troubles respiratoires, gastralgie opiniâtre, diminution de l'ouïe et de la vue, extinction graduelle des facultés intellectuelles, affections de la moelle épinière, ataxie locomotrice, paraplégie, paralysie générale, etc., ainsi que tous les maux qui s'attaquent directement aux organes dont il est abusé, y compris la perte de la virilité.

Il n'est pas possible de déterminer où commence au juste l'excès, rien n'est plus relatif. Ce que peut se permettre sans inconvénient un homme d'une constitution robuste serait écrasant pour un individu chétif. La limite pour un sujet sanguin ou nerveux est supérieure à celle qui serait assignée à un individu lymphatique. Il faut tenir compte aussi de la force dépensée quotidiennement, ainsi que de la valeur de l'alimentation ; un ouvrier mal nourri ou employé à des travaux pénibles n'aura pas la même puissance génésique qu'un oisif faisant toujours bonne chère.

C'est à soi de se rendre compte de ce qu'on peut supporter. Si les rapports sexuels sont longs et difficiles à effectuer, s'ils causent plus de fatigue que de plaisir, c'est un avertissement à la modération donné par la nature.

La meilleure règle à suivre à cet égard est celle posée par le docteur Michel Lévy dans son *Hygiène* :

L'accomplissement régulier de toute fonction nécessaire à l'économie y laisse à sa suite un retentissement agréable. S'il en est ainsi de la satisfaction du besoin génital, si, après l'acte consommé, la tête est plus légère, l'esprit plus gai, le corps plus souple, plus vigoureux, la nature a été obéie dans sa juste exigence ; mais le coït entraîne-t-il un sentiment de tristesse et de satiété, l'affaissement des forces physiques et intellectuelles, une importune pesanteur des idées et des mouvements, il y a excès, et fût-il suivi d'érections nouvelles, le besoin n'y est pour rien. »

Une pratique autrement désastreuse encore que la trop fréquente répétition de l'acte génital est celle qui consiste à en prolonger artificiellement la durée, raffinement voluptueux qui conduit infailliblement à l'épuisement sénile en passant par de douloureux états inflammatoires des organes génitaux. C'est ici que le proverbe latin : *Post coïtum animal triste*, trouve son application ; la tristesse qui accompagne tous rapports sexuels accomplis en violation des lois de la nature est une protestation du corps dévoyé, quelque chose comme le cri d'une conscience organique.

La femme qui se livre avec emportement aux plaisirs vénériens, bien que les rapports sexuels n'entraînent pas pour elle autant de fatigue que pour l'homme, n'est pas moins exposée que lui aux affections nerveuses et aux troubles fonctionnels, auxquels viennent s'ajouter les maladies spéciales à son sexe : leucorrhée, vaginite, métrite, cancer de la matrice, etc., sans compter la perte de ses attraits et la vieillesse anticipée. Inutile de mentionner que la maternité n'est pas accordée à la femme trop passionnée; si, par exception, elle venait à être fécondée, il y aurait de nombreuses chances pour que le fruit de cette conception n'arrivât pas à terme.

Les rapports sexuels incomplets, ainsi qu'on l'a dit au *chapitre VII*, sont aussi désastreux que les excès pour la santé de la femme.

L'acte génital, même pratiqué modérément, ne peut s'accomplir que dans un état de surexcitation nerveuse considérable. Tous les phénomènes qui caractérisent les efforts violents — élévation du pouls, accélération de la respiration — se manifestent. Il exige donc toujours une grande dépense d'énergie et apporte un trouble passager dans tout l'être. Afin d'en atténuer la fatigue, il convient donc de ne s'y livrer que lorsqu'il pourra être suivi d'un repos réparateur, de préférence au moment de s'abandonner au sommeil.

A cause du déploiement de force qu'ils nécessitent, les rapports sexuels sont contre-indiqués dans tous les cas où le corps est dans un état anormal. D'abord les tout jeunes gens doivent s'en abstenir. « L'usage prématuré des organes génitaux, a dit Hufeland, est le meilleur et le plus sûr moyen de s'inoculer la vieillesse. En effet, si, pour goûter aux plaisirs vénériens, on n'attend pas le complet développement du corps, l'accroissement de celui-ci s'arrête, et l'on s'expose à redescendre la pente avant de l'avoir toute gravie. A vingt ans, les facultés commencent à s'altérer, les infirmités font leur apparition, et, dix ans plus tard, on offre l'aspect repoussant d'une décrépitude prématurée. »

A méditer ces paroles du docteur Roubaud, dans son *Traité de l'impuissance* : « Aujourd'hui que les jouissances de l'amour sont souvent cueillies par un âge qui se devrait seulement préparer à les savourer, on rencontre à chaque pas de ces jeunes blasés qui se font honneur de la sécheresse de leur cœur, et qui étaleraient volontiers l'impuissance et la flétrissure de leurs organes. La femme ne se soustrait pas plus que l'homme aux suites inévitables de la satiété, et ne jouit pas de l'heureux privilège de garder en son âme, alors qu'elle abuse des organes génitaux, les aspirations amoureuses qui la remplissaient naguère. »

Il est parfois mortel et toujours dangereux de se livrer aux rapports sexuels à la suite d'une grande fatigue musculaire ou cérébrale ; après une violente émotion, une vive contrariété, un accès de désespoir ou de colère, un grand chagrin ; durant un trouble dans la santé ou une convalescence. Toutes les fois, enfin, qu'après une crise quelconque le corps est dans un état de dépression, d'affaiblissement moral ou physique, il convient de s'abstenir jusqu'à ce que l'organisme soit rentré dans son état normal.

Les recommandations qui précèdent s'adressent évidemment aux deux sexes ; aussi bien, en présence d'une indisposition de la femme, l'homme doit-il s'interdire rigoureusement tout rapprochement. La femme a, tout aussi bien que l'homme, la libre disposition de son corps, et le mari ne saurait plus longtemps la considérer comme un objet mobilier à sa complète disposition. Il respectera donc la femme en proie à un malaise ; il ne peut vouloir greffer brutalement sa satisfaction sensuelle sur la souffrance d'autrui.

Mais la femme ne se plaint pas toujours, elle redoute souvent de contrarier un être exigeant, prompt à s'irriter d'un refus. C'est à l'homme, s'il a tant soit peu de délicatesse, de s'abstenir quand il constate des yeux éteints, des lèvres sans chaleur, des seins sans fermeté ; quand le contact des mamelons provoque un agacement ; quand, d'une manière générale, il ne parvient pas à éveiller les désirs amoureux de sa compagne.

Il convient aussi de ne pas pratiquer l'acte génital au cours de la digestion, opération pour laquelle le corps concentre une grande partie de ses forces sur l'estomac. On sait qu'un exercice forcé ou une grande contention d'esprit après le repas peut déterminer des troubles digestifs et congestionner le cerveau ; il en est de même et *a fortiori* des rapports sexuels qui mettent en jeu à la fois les muscles et le système nerveux. Après un repas copieux et prolongé, ils peuvent être suivis de mort ; les exemples ne sont pas rares.

L'homme est impropre à la génération à la suite d'abondantes libations, les vapeurs de l'alcool paralysant dans une certaine mesure les nerfs qui commandent aux organes génitaux. Il y a longtemps que Plutarque a dit : « Ceux qui boivent beaucoup de vin sont lâches à l'acte de génération et ne sèment rien qui vaille pour engendrer. Leurs conjonctions avec la femme sont vaines et imparfaites. »

Ce que Plutarque entend du vin est vrai à plus forte raison des liqueurs alcooliques, avec aggravation pour l'absinthe, qui possède une action stupéfiante spéciale sur le cerveau.

Si l'homme pris de boisson s'obstine à imposer à une femme ses répugnantes caresses, il s'expose à des inflammations du gland, du prépuce et même du canal de l'urèthre, dues aux efforts prolongés qu'il devra faire — sans y réussir, le plus souvent — pour vaincre l'atonie des organes.

La *blennorrhagie* est parfois consécutive aux excès vénériens commis en état d'ivresse, et encore que la femme soit des plus saines ; conséquence d'autant plus grave que ce mal est contagieux et que l'homme peut le communiquer à sa compagne, qui en était exempte, puis l'accuser de le lui avoir transmis. D'où des suspicions qui troubleraient le ménage le mieux uni.

D'un autre côté, la femme doit repousser impitoyablement les embrassements d'un homme ivre, les enfants procréés après boire étant d'une infériorité physique et intellectuelle notoire. L'alcoolique donne naissance à des imbéciles, des idiots, des épileptiques, sur la pente du crime par manque d'équilibre dans les facultés mentales.

Au surplus, un grand nombre de dégénérescences sont le fait de procréations accomplies à la suite d'excès de tout genre, qu'il s'agisse de travail ou de plaisir, de surmenage intellectuel ou musculaire, d'abus au lit ou à la table. Les privations, en ne permettant pas au corps de réparer ses forces, ont les mêmes conséquences que les excès.

Une prescription de l'hygiène générale qui s'applique plus particulièrement aux rapports sexuels, c'est la propreté non seulement des organes génitaux — ce qui va de soi — mais de toutes les parties du corps. La « punaisie » — exhalaison de mauvaises odeurs — de la femme était autrefois classée au nombre des cas de rupture du mariage, comme étant de nature à mettre obstacle à la fécondation en éteignant les ardeurs de l'homme le plus épris. D'accord, mais en va-t-il autrement chez la femme ? Un homme qui empeste le vin, les liqueurs et le tabac, qui se tient malpropre de sa personne, de sa figure et de ses mains, qui a les cheveux embroussaillés et la barbe sale, n'est pas pour enflammer une femme et faire trouver de l'attrait à son contact.

Il est à peine nécessaire de rappeler aux femmes les soins que nécessite leur toilette générale et secrète, soins qu'il leur importe de redoubler une fois en ménage, si elles veulent éviter de cruelles déceptions ; toutefois il est bon d'insister sur le rôle que l'eau pure doit jouer dans l'irrigation des organes féminins ; et aussi de mettre en garde contre une foule de mixtures, cosmétiques, produits chimiques et pharmaceutiques trop préconisés et dont il ne faut user qu'à bon escient.

Les organes génitaux de l'homme étant externes, sont susceptibles de moins de soins que ceux de la femme, mais une propreté minutieuse ne s'impose pas moins sous tous les climats, et plus rigoureusement encore dans les pays chauds. Elle est plus particulièrement indispensable aux hommes dont le gland reste ordinairement recouvert par le prépuce, disposition qui permet aux sécrétions vaginales de séjourner sous celui-ci et d'y déterminer des inflammations fort douloureuses du gland et de la muqueuse du prépuce.

Une cause d'inflammation réside aussi dans l'accumulation de la matière sébacée odorante sécrétée à la couronne du gland et destinée à faciliter le glissement du prépuce, ainsi qu'à protéger le gland contre l'érosion de l'urine.

La circoncision, ou excision d'une partie du prépuce des nouveau-nés, pratiquée depuis la plus haute antiquité, en Égypte et en Éthiopie, d'où elle passa dans les rites religieux des Hébreux, puis des Mahométans — constitue une mesure hygiénique d'un effet préservatif indiscutable contre les inflammations provenant du séjour de matières irritantes entre le gland et le prépuce, lesquelles sont plus fréquentes et plus pernicieuses dans les pays chauds que dans les climats tempérés ou froids.

Disons qu'une propreté rigoureuse rendrait inutile cette petite opération chirurgicale, qui n'est pas sans danger pour les petits êtres qui la subissent, sans compter que la circoncision a l'inconvénient de provoquer prématurément le développement de la verge et de prédisposer jusqu'à un certain point à la masturbation, en laissant le gland exposé aux frottements de la chemise ou des draps de lit.

Une autre mesure hygiénique puisée dans les lois religieuses de l'Orient, est celle qui défend toutes relations sexuelles durant le flux des menstrues ou l'écoulement qui suit l'accouchement. Nos lois modernes n'édictent aucune peine contre ces infractions au respect de la

femme ainsi qu'à la propreté la plus élémentaire, mais la
nature s'en est chargée ; il faut que l'homme capable de
solliciter la femme dans ces deux circonstances sache
bien qu'il s'expose à des accidents blennorrhagiques consécutifs à l'uréthrite, tout en risquant de provoquer chez
la victime de sa lubricité des pertes sanguines violentes et
dangereuses.

Moïse étendit la défense de prendre contact avec la
femme au cas où elle serait atteinte de *leucorrhée*. Cette
affection étant assez rebelle, l'observation rigoureuse de
cette proscription équivaudrait au divorce ; il convient
donc de faire des distinctions. Pour l'homme, le danger,
qui n'est pas grand au début de la maladie, augmente à
mesure que celle-ci s'établit. Mais ce qui est toujours en
péril, c'est le bonheur conjugal, qui ne résistera pas à la
répugnance que l'homme ne peut manquer d'éprouver
tôt ou tard pour les relations sexuelles accomplies avec
une femme leucorrhéique. Il y a là une cause de désunion
si fréquente dans les grands centres populeux, qu'on ne
saurait trop — et surtout dans cet ouvrage — attirer l'attention sur les inconvénients multiples d'un mal qui détruit l'amour en s'attaquant à ses manifestations mêmes.

La leucorrhée, qu'il importe de connaître dans ses
causes et ses effets, consiste — ainsi que l'indiquent les
expressions « flux blanc » et « fleurs blanches » qui lui
sont appliquées — en une perte séro-muqueuse presque
continue, un écoulement blanchâtre et d'une odeur nau-
séabonde, provenant de la matrice et du vagin, et sans
qu'il y ait, le plus souvent, de lésions inflammatoires ou
organiques.

Cette maladie — peu connue dans les campagnes — est très fréquente dans les villes, c'est-à-dire là où la vie s'éloigne le plus de la normale. Elle sévit plus particulièrement dans les pays froids et humides et de préférence sur les femmes lymphatiques, aux chairs molles et à la chevelure blonde ou rousse ; elle s'en prend aussi aux femmes qui ont un tempérament nerveux d'une grande irritabilité.

Celles qui ont le teint et les cheveux bruns y sont moins sujettes, mais n'en sont pas toujours exemptes, c'est une question de milieu et de manière de vivre.

La leucorrhée reconnaît un grand nombre de causes. Chez les femmes oisives, jouissant des avantages de la fortune, elle est la conséquence d'une vie factice où le jour et la nuit changent de rôle, où la chère est trop succulente, les vins trop capiteux, les parfums trop troublants, les choses de l'amour trop prépondérantes. A l'autre bout de l'échelle sociale, chez les ouvrières forcées, faute d'un gain suffisant, d'enfreindre les préceptes les plus élémentaires de l'hygiène, la leucorrhée résulte d'un travail excessif, d'une alimentation insuffisante et malsaine, du séjour dans des ateliers et des habitations où ne circulent pas l'air et la lumière, du manque d'exercice et de propreté, de l'abus du café au lait, de l'emploi désastreux de la chaufferette, etc.

D'une manière générale, tout ce qui surexcite, débilite ou déprime, entretient les fleurs blanches. Il en est ainsi des veilles répétées et prolongées, combinées avec la station assise ; des pensées constamment tristes ou érotiques, de l'abus des plaisirs vénériens, des rapports sexuels incomplots, de la compression des seins par le corset, de la constipation opiniâtre, des bains trop chauds, des irrigations excitantes, de l'usage de boissons trop chaudes ou glacées, etc.

Les femmes qui, pour cause de faiblese de complexion, pour ne pas perdre leur ouvrage ou leur situation, ou pour ne pas renoncer à leur genre d'existence se dérobent à l'obligation d'allaiter leurs enfants, s'exposent à la leucorrhée dont les nourrices sont indemnes. On voit même les flueurs blanches disparaître après une couche suivie d'un allaitement régulier.

La leucorrhée s'établit sans souffrance et se supporte sans trop de difficulté ; elle n'entrave pas, tout d'abord, les occupations ordinaires de la vie, mais elle finit par troubler gravement la santé générale. Les désordres qu'elle peut causer vont des plus bénins aux plus dangereux ; la migraine, les tiraillements d'estomac, la gastralgie, l'insomnie, la pâleur, la maigreur, la diminution des forces, l'étiolement et jusqu'au terrible cancer, font cortège à cette affection, qu'il faut combattre à tout prix dès le début, car elle porte atteinte non seulement à la santé, mais aussi au bonheur de la femme en détruisant sa beauté et sa fraîcheur, et en provoquant le dégoût chez le mari.

Les organes génitaux de la femme leucorrhéique perdent toute fermeté ; ils sont exposés à des désordres sans nombre, tels que tuméfaction du col de la matrice, distension, excoriations, puis désorganisation de la muqueuse vaginale, amollie par une sécrétion continuelle ; la vulve devient flasque, flétrie et blafarde ; il en découle une humeur d'une couleur suspecte et d'une odeur écœuranto. Voilà beaucoup plus qu'il n'en faut pour éveiller chez l'homme le plus aimant une répugnance qui deviendra fatalement invincible.

Mais bien avant qu'elle soit parvenue à ce degré de gravité, la leucorrhée entrave la génération de bien des façons. D'abord, même faible, elle met obstacle aux rapprochements sexuels en ce que les mucosités qui transsudent du vagin diminuent et annulent même l'effet des frottements de la verge, c'est-à-dire le *stimulus* vénérien, aussi bien pour un sexe que pour l'autre.

Si le flux leucorrhéique est assez âcre pour tuer les spermatozoïdes, il devient une cause de stérilité. Dans ce cas aussi, il peut provoquer chez l'homme une inflammation du gland et du prépuce, ainsi que les écoulements blennorrhagiques ou gonohrréiques, plus ou moins intenses, plus ou moins douloureux, mais toujours fort désagréables.

Enfin, les pertes blanches abondantes facilitent les fausses couches, et, même quand ils sont menés à terme, les rejetons de femmes leucorrhéiques sont pour la plupart débiles, et la mort en fauche un grand nombre au berceau.

Il est encore une circonstance où l'homme doit s'abstenir des rapports sexuels de la manière la plus absolue, c'est lorsqu'il est atteint d'une affection syphilitique.

L'acte de transmettre sciemment le virus syphilitique ne tombe pas malheureusement sous le coup de la loi ; pourtant, c'est un crime dont rien n'égale l'infamie et la lâcheté, puisqu'il se commet sans risque et sous couleur de prodiguer des caresses à sa victime. Il n'en est guère,

non plus, dont les conséquences soient plus terribles. Le
meurtre ne s'en prend qu'à l'individu ; tandis que l'infec-
tion syphilitique atteint et l'individu et sa descendance
durant plusieurs générations. Elle s'étend même à toute
l'espèce humaine en faisant entrer dans la circulation des
êtres malingres, débiles de corps et d'esprit, et marqués
de tares congénitales.

Il semblerait donc qu'une continence rigoureuse va de
soi en cas de maladies vénériennes, et qu'il est superflu
d'insister longuement sur ce point, mais il n'en est pas
ainsi ; en fait, l'homme infecté, dût-il transmettre à sa
femme le mal honteux contracté dans un moment d'erreur, ne considère pas toujours, dans son égoïsme féroce,
comme un devoir strict de cesser tout rapprochement
avec elle ; il ne se fait pas scrupule de continuer ses embrassements délétères.

A la honte de l'humanité, les cas de femmes contami-
nées par leurs maris ne sont pas très rares dans les hôpitaux et les cliniques. Encore, celles qu'on y rencontre
sont-elles soignées, tandis qu'il y a des malheureuses dont
les époux — les bourreaux, devrait-on dire — non seulement leur communiquent un mal ignoble, mais, pour
s'éviter de justes reproches sur leur conduite, les laissent
dans l'ignorance de la cause des désordres génitaux dont
elles se plaignent et s'étonnent ; il y en a qui ne reculent
même pas devant la séquestration de crainte qu'elles
n'en soient instruites.

Le rétablissement du divorce est venu fort heureusement arracher ces infortunées à leurs sinistres tortion-
naires. Il faudrait plus : empêcher le retour de semblables

monstruosités. Pour cela, il serait désirable d'abord qu'on s'assurât par un examen médical sérieux que l'homme qui veut prendre femme est indemne de la syphilis ; ou, s'il en a été affecté, que sa guérison est assez parfaite pour qu'il n'y ait plus aucun danger de transmission. Cette visite préalable au mariage, faite consciencieusement par un médecin spécialiste et dont le procès-verbal serait joint aux actes de l'état civil du futur, garantirait bien des fraîches jeunes filles et sauverait de la maladie ou de la mort une foule d'enfants qui, dans notre soi-disant civilisation, portent la peine des passions de leurs auteurs.

Ce moyen, il est vrai, n'est efficace qu'aux premiers jours du mariage ; encore est-il subordonné à l'état d'avancement de la science et au degré de connaissance du médecin examinateur. Il est une autre condition qui, en toutes circonstances, mettrait la femme à l'abri des atteintes à sa dignité, à ses sentiments, à sa santé, ce serait que l'homme reconnût enfin que la femme a, tout comme lui, une personnalité humaine distincte et autonome, et qu'il la traitât en conséquence, c'est-à-dire avec équité.

# CONCLUSION

Le mouvement féministe est dans une mauvaise voie. — Erreur de
l'antagonisme des sexes. — Equivalence et non égalité de l'homme
et de la femme. — Nécessité de leur union. — La réforme féministe exige le concours des deux sexes. — Comment l'homme
reconquerra définitivement la femme.

Le mouvement féministe, si légitime en soi, a été placé
sur un mauvais terrain et conduit dans une voie sans
issue. La base qu'on lui donne : l'*égalité* des sexes, est
fausse et fausse, conséquemment, la déduction qu'on en
tire : l'*antagonisme* des sexes.

Non, l'humanité n'est pas divisée en deux camps. Les
expressions *féministes* et *antiféministes* sont des barba-
rismes et vides de sens. La bataille entre des êtres créés
pour s'aimer et s'unir est impie, illogique et même quelque peu ridicule.

Que sont l'homme et la femme pris isolément ? Des êtres
imparfaits. L'être social et physiologique complet est le
*couple*, formé de deux individus dissemblables dont les
facultés, les aptitudes, aussi bien que les organes sexuels,
sont complémentaires l'un de l'autre.

Du moment où les deux sexes se complètent réciproquement pour former le couple, ils ne sont point *égaux*

mais *équivalents*, ce qui est tout autre chose. De cette équivalence, à côté de droits et de devoirs communs, découlent pour chaque sexe des droits et des devoirs particuliers, répondant à la destination spéciale de chacun d'eux.

Les êtres adultes ne peuvent vivre isolés ; leur union est rendue nécessaire parce qu'un sexe manque des qualités que l'autre possède, et que ces qualités qu'il n'a pas lui sont aussi indispensables que celles qu'il a reçues en partage. Les facultés sont bien les mêmes dans les deux sexes, mais avec un inégal développement ; telle faculté atteindra un plus haut degré chez l'homme, telle autre chez la femme. Toujours les forces se complètent, s'équilibrent, se balancent. Partout l'*équivalence*, nulle part l'*égalité*.

L'homme est plus robuste, son organisation physique lui permet de supporter la fatigue, les longs efforts, et de résister aux influences extérieures. Il est plus apte à transformer le monde physique et à le plier à sa convenance, à se faire un auxiliaire de la nature.

La femme — et c'est une de ses grâces auprès de nous — est d'une constitution plus délicate, plus impressionnable. Elle est visiblement destinée à emprunter le secours de l'homme pour tout ce qui exige de la force. En revanche, elle est plus propre aux soins domestiques, aux travaux exigeant surtout de l'adresse et du goût. Par le charme de sa personne et les qualités de son cœur, elle est la joie du foyer.

L'homme est doué d'un système nerveux d'une puissance en rapport avec sa force physique, lui permettant d'apporter une attention soutenue et prolongée à tous les sujets d'étude. D'où une conception profonde, mûrie, une faculté de coordination, de généralisation, de déduction, qui lui permet de porter ses investigations dans tous les sens, sur la terre, sous les eaux, et jusque dans les cieux.

La femme a l'esprit plus vif, plus mobile que l'homme, et aussi plus de sagacité. Si sa grande impressionnabilité nuit parfois à la justesse de son jugement, en revanche sa faculté de pénétration la rend supérieure dans les choses du cœur et en fait le lien de la famille, l'éducatrice par excellence de l'enfant.

Dans le couple, l'homme est le *créateur* ; en tout sens il représente le *principe fécondant*. Il est la puissance, c'est-à-dire la pensée qui invente et la main qui exécute. Son domaine n'a pas de limite ; il étreint et féconde tout : les sciences, les arts, l'industrie ; il est vainqueur du temps et de l'espace ; il fait même reculer la mort.

La femme est l'*inspiratrice* ; elle représente le *principe affectif*, elle est la grâce, le lien qui rattache l'homme à la terre. Elle n'est pas créatrice, mais elle est fécondée par l'homme dans son corps et dans son esprit. La femme, en général, a une aptitude plus restreinte pour les sciences, abstraites, et, encore que douée d'un sentiment très fin elle reste dans les arts imitatrice ou interprète. C'est que la destination harmonique, le véritable rôle de la femme est l'amour, qui crée la famille ; son univers se résume dans les êtres aimés dont son affection tend à rendre la vie douce et heureuse.

L'amour vient embellir l'existence de l'homme ; il l'aide à supporter la vie, mais ne la remplit pas ; tandis

13

que chez la femme il est le but, le moyen et la fin de l'existence.

L'homme travaille, produit, combine, transforme, échange, lutte sans trève ni merci. La femme aime, encourage, récompense et console [1].

L'homme et la femme ne sont pas destinés à se combattre, mais à s'unir. C'est leur union qui détermine l'enfantement physique ; c'est par elle aussi que se produit l'enfantement intellectuel. L'un donne la sève, l'intelligence productive ; l'autre portera, nourrira, perfectionnera l'idée. Unis, ils peuvent tout ; antagonistes, non seulement ils sont impuissants, mais ils enrayent, ils stérilisent tout progrès. Ce sont les nations où la femme est consultée qui marchent en tête de l'humanité.

La réforme féministe ne peut donc s'accomplir par un sexe isolé, mais par l'entente des deux sexes.

« La femme seule, a écrit le professeur Mantegazza, ne peut pas réparer l'injustice dont elle est l'objet, parce que, nous-mêmes, nous l'avons désarmée ; parce que, depuis trop de siècles, elle est accoutumée à recevoir le bien et le mal des mains de son maître et tyran.

« L'homme seul ne peut pas remédier à ce grand péché de l'humanité, parce que le bourreau n'est pas le meilleur juge de sa victime, et parce qu'il n'a jamais étudié la femme que comme un instrument de volupté.

---

1. « La femme, a dit Proudhon, est l'auxiliaire de l'homme, d'abord dans le travail, par ses soins, sa douce société, sa charité vigilante. C'est elle qui essuie son front inondé de sueur, qui repose sur ses genoux sa tête fatiguée, qui apaise la fièvre de son sang et verse du baume sur ses blessures. »

« C'est l'homme et la femme réunis qui, mettant une bonne fois de côté l'hypocrite galanterie, les traîtres compliments et les serments parjures, doivent, la main dans la main, s'asseoir ensemble devant le livre de la vie, le lire et l'étudier ensemble afin d'y trouver le verbe de la rédemption. »

D'accord. Mais pour que cette étude soit fructueuse, il importe que l'homme qui s'assoira « devant le livre de la vie » reconnaisse au préalable l'*équivalence* des sexes et, par conséquent, la personnalité distincte, l'individualité de la femme, d'où découlent son indépendance, son droit à la liberté, son *droit à l'amour*. En un mot, l'homme ne participera utilement à cette consultation que s'il a le sentiment de la justice.

Mais, quand il prendra femme, l'homme juste remplira auprès d'elle ses obligations d'époux, c'est-à-dire qu'il sera à la fois son protecteur, son ami et son amant.

Comme protecteur, il s'efforcera de lui rendre la vie douce et facile en écartant les ronces de son chemin et en adoucissant les aspérités de la route qu'ils sont appelés à parcourir ensemble.

Comme ami, il l'associera dans les limites du possible à ses travaux, à ses projets, à ses espérances et à ses plaisirs. D'un autre côté, il s'intéressera à ce qui l'intéresse, et prendra part à ses joies ou à ses afflictions, se souvenant que ce n'est pas au lit seulement qu'elle est sa femme.

Comme amant, il ne voudra pas s'enivrer seul à la coupe de la volupté ; il n'oubliera jamais que la femme a des appétits physiologiques plus impérieux, peut-être, que ceux de l'homme, et auxquels il serait lâche ou stupide de ne pas donner satisfaction.

A vrai dire, dans ces conditions, l'homme trouvera en retour, dans sa compagne, une amie dévouée et une amante fidèle.

Alors, il n'y aura plus de question féminine...

TOURS

IMPRIMERIE DESLIS FRÈRES ET Cie

rue Gambetta, 6

# VIGOT FRÈRES, ÉDITEURS
### 23, RUE DE L'ÉCOLE-DE-MÉDECINE. — PARIS-VI°

## LAUPTS (Dr G. Saint Paul)

# L'HOMOSEXUALITÉ
# ET LES TYPES HOMOSEXUELS
### Nouvelle édition de Perversion et Perversité sexuelles
#### Préface d'Émile ZOLA

Un vol. in-8°.................................................... **6 fr.**

## Dr E. HUGON

# LA STÉRILITÉ CHEZ LA FEMME
### Son traitement par les agents physiques

Un vol. in-16.................................................... **2 fr.**

## Dr E. LAURENT et NAGOUR

# L'OCCULTISME ET L'AMOUR

Uu vol. in-16.................................................... **3 fr. 50**

## Dr E. LAURENT

# LE SADISME ET LE MASOCHISME

Un vol. in-16.................................................... **3 fr. 50**

## Dr E. LAURENT

# FÉTICHISTES ET ÉROTOMANES

Un vol. in-16.................................................... **3 fr. 50**

# VIGOT FRÈRES, ÉDITEURS
### 23, RUE DE L'ÉCOLE-DE-MÉDECINE. — PARIS-VI°

## D<sup>r</sup> ANTON NYSTROM

# LA VIE SEXUELLE ET SES LOIS

Un vol. in-8°.................................. 6 fr.

## D<sup>r</sup> POUILLET

# ÉTUDE MÉDICO-PSYCHOLOGIQUE DE L'ONANISME CHEZ L'HOMME
### Troisième édition

Un vol. in-16.................................. 3 fr. 50

## D<sup>r</sup> POUILLET

# DES ÉCOULEMENTS BLENNORRAGIQUES

Contagieux, aigus et chroniques de l'homme et de la femme
par l'urètre, la vulve, le vagin et le rectum
### Deuxième édition

Un vol. in-16.................................. 3 fr. 50

## D<sup>r</sup> RAYMOND

# L'HÉRÉDITÉ MORBIDE

Un vol. in-8°.................................. 5 fr.

## D<sup>r</sup> SYLVIUS

# VIE, GÉNÉRATION, STÉRILITÉ

Un vol. in-16.................................. 3 fr. 50

## D<sup>r</sup> R. VAUCAIRE

# LA FEMME
### Sa beauté, sa santé, son hygiène

Un vol in-18.................................. 3 fr. 50

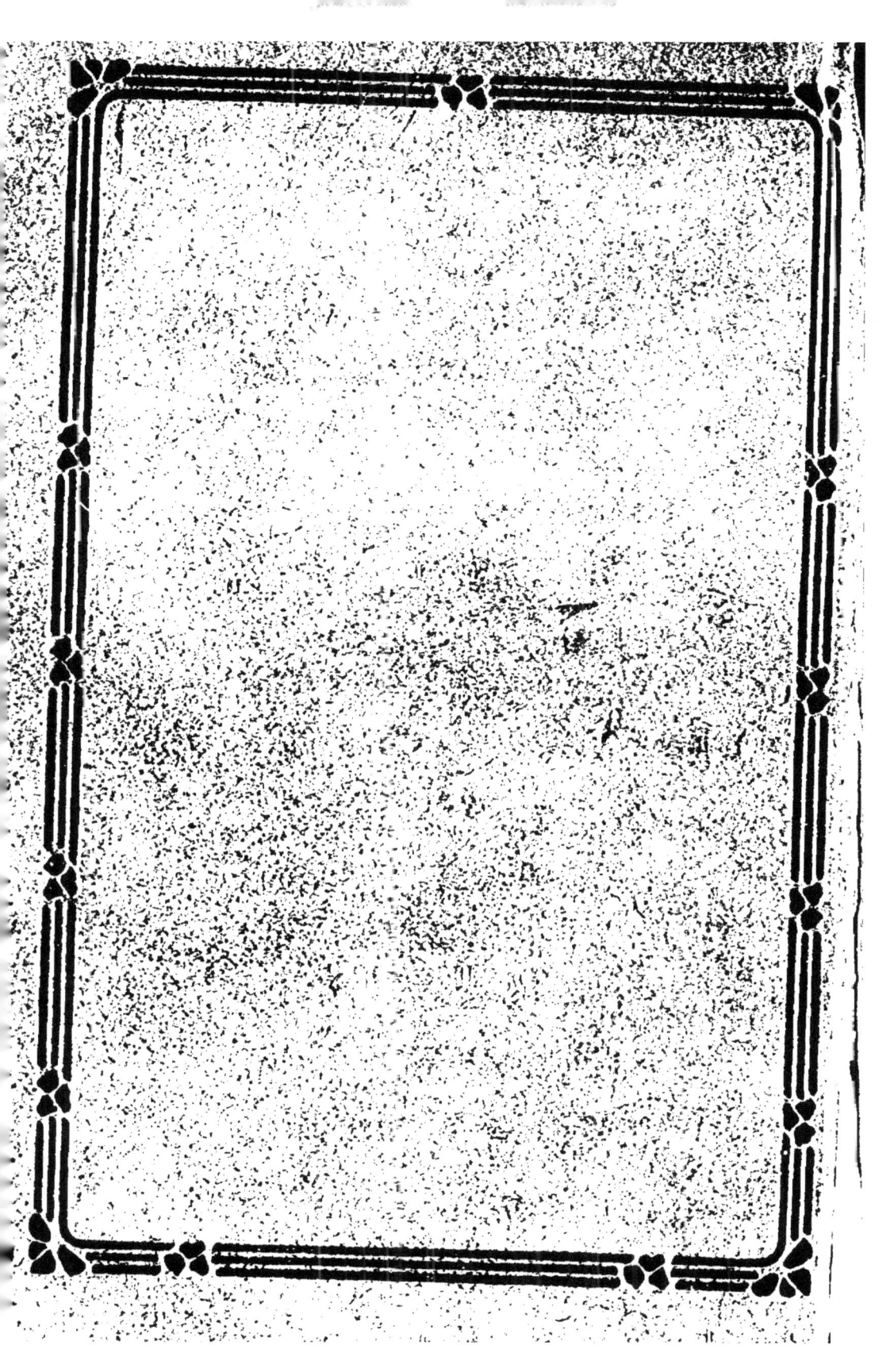

www.ingramcontent.com/pod-product-compliance
Lightning Source LLC
Chambersburg PA
CBHW070303290326
41930CB00040B/1897